深度成交

如何实现可持续性销售

希文◎主编

中华工商联合出版社

图书在版编目（CIP）数据

深度成交：如何实现可持续性销售 / 希文主编 . -- 北京：中华工商联合出版社，2021.1（2023.7重印）

ISBN 978-7-5158-2955-5

Ⅰ．①深… Ⅱ．①希… Ⅲ．①销售学 Ⅳ．①F713.3

中国版本图书馆CIP数据核字（2020）第235953号

深度成交：如何实现可持续性销售

主　　编	希　文
出 品 人	李　梁
责任编辑	王　欢
装帧设计	星客月客动漫设计有限公司
责任审读	傅德华
责任印制	迈致红
出版发行	中华工商联合出版社有限责任公司
印　　刷	三河市燕春印务有限公司
版　　次	2021年4月第1版
印　　次	2023年7月第3次印刷
开　　本	710mm×1000mm　1/16
字　　数	174千字
印　　张	14
书　　号	ISBN 978-7-5158-2955-5
定　　价	58.00元

服务热线：010-58301130-0（前台）

销售热线：010-58302977（网店部）

010-58302166（门店部）

010-58302837（馆配部、新媒体部）

010-58302813（团购部）

地址邮编：北京市西城区西环广场A座

19-20层，100044

http://www.chgslcbs.cn

投稿热线：010-58302907（总编室）

投稿邮箱：1621239583@qq.com

前言

"老板，这些辣椒辣不辣？"

面对顾客的询问，卖辣椒的会给出怎样回答呢？

第一种回答是：辣。

第二种回答是：不辣。

第三种回答是：你想要辣的还是不辣的？

第四种回答是：这一堆是辣的，那一堆是不辣的，随便挑！

第一种回答的结果可能是，碰巧买辣椒的顾客这两天上火，这桩买卖也就黄了。

第二种回答的结果可能是，凑巧买辣椒的顾客这两天想开开胃口，这次生意也同样没有达成。

第三种回答的结果可能是，本想以销售技巧进行二选一反问，但顾客未必有耐心回答，其结果很难预料。

第四种回答的结果无疑是最佳的，这个答复不言而喻，成功率是100%。

销售在日常生活中十分普遍，大到大宗商品的销售，小到生活日用品的买卖，都离不开吃喝、推介。

有人说销售无非是靠腿——勤快地走动、拜访，有人说销售无非是靠嘴——伶牙俐齿，能将稻草说成黄金，有人说销售无非是靠眼——眼观六路见风使舵，还有人说销售无非是靠关系——毕竟朋友多了路好走……

以上的种种说辞，均有一定道理，但又似乎没有说中要害。销售不仅仅是把商品出售给客户、把钱收回来那么简单，而是实现人与人之间的沟通，以满足客户特定需求的过程。由此可见，销售归根到底是一场心与心的沟通、共鸣，或者说是较量。优秀的销售员首先不仅要说对话，还要做对事。

本书分为"说对话""做对事"上下两篇，介绍了许多新鲜、实用的销售技巧、策略与方法，让读者花最少的时间领悟到销售的真谛，从而在实际销售工作中融会贯通，用最少的时间找到潜在顾客，并快速实现成交。

目录

第一篇 如何说顾客才会听

第二篇　如何做顾客才会买

第一篇

如何说顾客才会听

第一章　先拉近与顾客的距离

销售员和顾客的关系就像两块磁石，不同角度、不同力度、不断的磁场变化，都在影响两者的距离。因此，知己知彼，才好掌控，让两块磁石连接在一起；反之，就会把对方推得远远的。对于销售员来说，拉近与顾客的距离是首要的、重要的基础，因为它与之后的成功目标息息相关。要达成双方的交易，就要先和客户建立起一座稳固的沟通桥梁。

迅速引起客户的注意

销售员想要有效地吸引客户的注意力，在面对面的推销访问中，说好第一句话是十分重要的。开场白的好坏，几乎可以决定一次推销工作的成败。换句话说，好的开场白是推销成功的一半。那么，怎样的开场白才能真正吸引客户的注意力呢？

第一，有创意的开场白。销售员应该针对不同客户的身份、性格特征等具体条件，有针对性地进行有创意的开场白。通过具有吸引力的创意性开场白吸引了客户的注意，也就向成功销售迈进了一大步。要想拥有创意的开场白，需要提前准备好相关的素材：可以是一些幽默有趣的话题；或是以格言、谚语或众所周知的广告词作为开场白；也可以用某一单位共同举办市场调查的方式为开场白；或是运用赠送赠品、小礼物、纪念品、招待券等方式为开场白。

第二，问候式开场白。销售员第一次见到客户，其第一礼节就是问候，然后才有机会进行实质性的探讨产品问题。日本的推销大师原一平在一次推销产品的过程中，利用的便是问候式的开场白。

一次，原一平经朋友介绍认识了一家建筑公司的经理，在与其见面后，原一平并没有直接谈论保险问题，而是先以拉家常的方式，吸引住经理的注意，然后进行自然的攀谈，最终这位经理自愿订下大批保单。

拉家常可以活跃现场的气氛，在与客户攀谈的时候，要像一位聆听者一样细心地倾听，并时刻谦虚地提出自己的见解。这样可以拉近彼此的距离，增进感情，最后成功说动客户买下产品。

第三，好奇式开场白。好奇心，人皆有之。销售员若能有效地利用客户的好奇心，使他们对推销的产品产生浓厚的兴趣，那么就能在很大程度上促进交易顺利达成。

推销大师原一平来到一家上市公司经理的办公室，准备与经理签订之前与该公司商定好的保险订单。但是，对方却突然告诉他由于资金周转不开，决定取消这批订单。

原一平听到此话急中生智，诚恳地对经理说：“经理，我能再说一句话吗？您真的要放弃将来即将到手的上百万元吗？”听他这么一说，正想离开的经理停下来，于是推销工作又有了新的转机。

为此，销售员在推销产品的过程中，应该适度地利用客户的好奇心去刺激客户，让客户尽快地与销售员达成协议。

总之一句话，万事开头难，做推销更是如此。但是，作为一个职业的销售员是决不能因此而放弃努力的，而应该做好充分的准备，针对不同的客户，设计一个好的开场白。

在无限远的电话中拉近距离

销售员与潜在客户之间的"姻缘"，也可以靠这小小的电话预约来完成。在国外的推销电话预约操作中，大都有专职的电话预约员。这些专职的预约员在经过了严格的上岗培训之后，他们从电话簿或其他资料中找出公司或住宅的电话，然后致电以取得同意销售员登门拜访的预约。

电话预约法可以使客户很快地对推销的产品有初步的印象，避免了销售员陌生拜访时的唐突与沟通不良。在电话预约之前，若是先寄发了邮件，则效果更佳。

在我国推销行业中，专业的电话预约员少之又少。但正是这一点给高明的销售员提供了机遇。现如今，电话预约速度快，灵活方便，可及时反馈信息，同时也经济，花费不多。那么，销售员用电话与潜在客户取得联系时应该怎样说，他们才会听呢？

1. 带笑的声音

人们常说"伸手不打笑脸人""相逢一笑泯恩仇"，可见，这一笑威力有多大。可是，在电话里，对方看不到销售人员的笑脸，怎么办？让潜在客户听到销售人员的微笑，带有微笑的声音是非常甜美动听的，也是极具感染力的。在声音中放入笑容，并且笑出声来，这是一招很有杀伤力的推销技巧，因为人是追求美和快乐的动物，笑声则传达了一名推销人员的快乐，电话那端的客户当然愿意和一个快乐的人交谈。

2. 专业的语言

俗话说："行家一出手，就知有没有。"一名合格的销售员在通电话时，语言表达是否专业，处理问题是否专业等都将给客户留下深刻的印象。

3. 亲切的语言

一般情况下，利用电话预约的技巧，和正式拜访时在初步交涉这一阶段要注意的事项相去不远，重点不外乎以下四点：

（1）先取得对方信任

诚信为立身处世之本，不论在哪一行业都是如此。销售员如果想要将商品推销出去，最基本的条件就是先取得对方的信任。如果是面对面接触的话，客户至少还能凭印象来判断，但是在电话中只能凭声音来判断。为此，首先要注意说话的语气要客气，简单明了，不要让对方有受压迫的感觉。

（2）说话速度不要快

语气要平稳，吐字要清晰，语言要简洁。有许多销售员由于害怕被拒绝，拿起电话就紧张，语气慌里慌张，语速过快，吐字不清，这些都会影响你和对方的交流。我经常接到打来的销售电话，报不清公司名称，说不清产品，也弄不清来意，只好拒绝。有时弄清他的来意就要花几分钟，再耐着性子听完他的介绍，结果还是不明白产品到底是什么？所以，在电话营销时，一定要使自己的语气平稳，让对方听清楚你在说什么，最好要讲标准的普通话。语言要尽量简洁，说到产品时一定要加重语气，要引起客户的注意。

推销专家认为说话有八个诀窍。

1. 语调要低沉明朗。明朗、低沉和愉快的语调最吸引人，所以语调偏高的人，应设法练习变为低调，才能说出迷人的感性声音。

2. 发音清楚，层次分明。发音要标准，字句之间要层次分明。改正咬字不清的缺点，最好的方法就是大声地朗诵，久而久之就会有效果。

3.说话的语速要时快时慢，恰如其分。遇到感性的场面，当然语速可以加快，如果碰上理性的场面，则相应语速要放慢。

4.懂得在某些时候停顿。停顿不要太长，也不要太短，停顿有时会引起对方的好奇和推动对方早下决定。

5.音量的大小要适中。音量太大，会造成太大的压迫感，使人反感；音量太小，则显得你信心不足，说服力不强。

6.配合面部表情。每一个字，每一句话都有它的意义。懂得在什么时候，配上恰当的面部表情。

7.措辞高雅，发音要标准。

8.加上愉快的笑声。

说话是销售员每天要做的工作，说话技巧的好与坏，将会直接影响你的推销生涯。最重要的是：不断的练习、练习、再练习是成功的关键。

面对面时的讲话原则

要想接近客户，最主要的还是靠语言。中国古代就有"一人之辩，重于九鼎之宝；三寸之舌，强于百万之师"之说，可见古人对口才也十分看重。销售员一旦具备了一流的口才，便能顺利地约见客户、争取到推销产品的机会，最终说服客户做出购买的决定。为此，可以毫不夸张地说，销售的成功在很大程度上可以归结为对口才的合理运用与发挥。

对任何一名销售员来说，能说会道是非常必要的。但是销售员又不可以说话过多，不要发表长篇"演说"，因为这很容易引起顾客反感。有的销售员往往说话太多，他不愿意也不会听取别人的意见。他们是失败的"演说家"。

另外，在与顾客洽谈业务时，不少销售员总爱搞"一言堂"，只是他一个人在那里滔滔不绝地讲个没完，不给顾客发表意见的机会。不给顾客说话的机会，表示你并不尊重对方，忽视了对方的存在，这意味着两人之间地位是不平等的。如此一来，即使你说话的声音多么清楚而洪亮，你说的内容多么中肯和吸引人，顾客也不会感到"悦耳动听"的，他只会感到厌烦和不满。

推销之神原一平在与客户长期接触之后，发现有时在介绍产品时顾客好像总是不太有耐心，原一平想，难道交朋友的时间不够？拓展客户还需要什么技巧。一些成就大业的人往往都是做事直爽，谈话言简意赅的人。要做到这一点并不是一件难的事情。如果能常常有意地训练，集中思想，处事有条不紊，谈吐简洁明了，那么必然会养成说话简洁的习惯。

现在生活节奏快，人们的压力大，身心已经处于疲劳的状态，哪还经得起信息的轰炸。所以销售员有必要长话短说，语言表达简洁明快又能恰当准确地表达是再好不过了。或是先讲一些轻松的奇闻逸事，化解顾客的疲劳感，使其身心放松，心情愉悦。

销售员在和顾客谈话的时候，一开始就要让对方明白，你不会占用他太长的时间。要用简单扼要的开场白引起他的兴趣。每次沟通交流的时间切忌不要太长，一般控制在一小时之内。人们一般最厌恶的就是谈话抓不住重点，旁敲侧击、不着边际，结果，说来说去也使人无法把握住他谈话的要点，常常会让人厌倦。

有时候长话短说，显示了你的语言素养，也节约了时间，别人也喜欢听。不要等对方不耐烦地说"知道了"，你才觉得你说得啰唆了。恰当准确的表达，在人际交往中有着举足轻重的作用，长话短说又能恰当准确地表达，又是很重要的交流技巧。学会交往交流技巧：准确表达，长话短说。

长话短说更适用于最终谈判，一定要掌握好时间的尺度，不要让顾客产生厌烦的情绪。应该在邀约时就预定好时间，比如我只能用半个小时与您会谈，让顾客清楚你的时间是有限的，拜访会很快结束，双方互相尊重对方的时间。

在与顾客谈话时不要独占谈话时间，必须给对方发言的机会。让对方说出自己的感受、想法和意见，以此为依据，进而予以开导和说服。切忌一味地发表"演说"，而让对方坐到一旁静当听众，这样的谈话效果是很差的，不会有多大收获。凡是业绩优异的商人，他们都是倾听的高手，他们只是在关键的时刻才发表自己的意见。

对每一位客户尽心尽责

中国有句谚语："到什么山唱什么歌，见什么人说什么话。"生活中的人是各种各样的，因此，他们的心理特点、脾气特点、语言习惯也各不相同，这就决定了他们对语言信息的要求是不同的。作为一名出色的销售员，要妥善应对各类客户的问题，做到尽心尽责，不能用标准统一的说话方式来交流。

在销售行业里，很多时候判断客户是什么样的人是从职业这个角度来考虑的，通过研究他们不同的性格、喜好、心理特征，找出应对他们的方法，促使交易成交。

1. 企业家和主管阶级

这类客户接触社会的面比较广，对社会的了解比较透彻。他们气量较大，对于事业比较看重，经济也较宽裕，有主见，对社会有独到的见解。

他们办事比较干脆，一旦发觉你的商品品质好，并且符合他的需要，只要价格适当，他们会立即与你成交。

他们对销售员的专业知识比较清楚，对推销的各个阶段都比较了解，对商品的好坏、适用性也比较了解。总之，这类客户对推销的整个过程及商品的好坏都比较清楚，对是否购买，他们能当场决定。所以面对这类客户，在推销过程中要表现得积极、热心、诚恳，同时为其解决几个问题，然后就开订货单、契约书，交易就成功了。也就是说，交易成功与否多半决定于客户，客户如需要就成交；客户不需要，则交易就泡汤了。

有时这类客户购买与否还要看销售员的专业水准，如果这方面没有问题，他们多半会购买的。

面对这类客户，首先要热诚、认真，还要有自信。同时也可诚恳地称赞他的成就，使他们心里高兴，然后再进行商品介绍，为他说明购买该商品的好处，这样交易的成功率相对较大。

2. 体力劳动者

这类客户包括农民、车间工人及其他体力劳动者。他们都比较忠厚老实，且易安于现状，不喜欢冒险，也从不轻信别人，从不浪费自己的金钱。他们知道钱来之不易，恨不得把一块钱当成十块钱花。他们并不要求赚太多的钱，他们希望自己的家人能够平平安安、能够幸福地过日子就行了。

这类客户并不喜欢了解新事物，比如投资、股票等，由于他们不想了解，就更不要说去做了。他们有的开通，有的固执，但他们都是有思想的、善良的。他们需要的商品是经久耐用的，对于包装、款式则不在乎，也就是说对美观不太重视，所以进行推销说明时要注意这一点。

这类顾客只要商品合他们的意，价格也便宜，他们就会有主见，生意也会成交的。

不要老是对他们夸夸其谈，他们讨厌那些轻浮的人，他们喜欢实干家。

所以要对他们诚恳、热心，不要做作，只要你对他们热心，他会对你更好，更热心。

3. 一般公司的职员

这类客户是一种安于现状的客户，但是他们不固执，也比较开通，只是有时会犹豫不决。

他们虽然了解一些投资、股票等新事物的知识，但他们更多的只是做好自己分内的事，凭自己的固定工资来维持生活。他们对于挣大钱想得较少。

面对这类客户，你不能通过说理的形式来鼓励他去大量投资，他们不愿冒这个险。他们通常对于销售员有一种偏见，总觉得销售员是骗子，存有很大的戒心。所以对他们就应该先消除他们的这种警戒心。只有这样，下一阶段才能正常进行。既要对他们热情、诚恳，同时也可运用一些施压、逼迫的推销方式。这类客户没有主见，购买时犹豫不决，对他们不仅要引导，而且要充满自信，这样会给客户一种购买的动力，促使他们下定决心。

4. 学者

这类客户由于热衷于自己的专业知识，虽然对于新生事物有很好的接受能力，但是对于商品的投资不太感兴趣，况且也没时间，在这一点上，销售员不必太动脑筋。

不过，这类客户有一个好处，就是尊重人，不会拒绝别人。所以，销售员可以抓住这一点来进行商品的推销。

面对这类客户，要尽量表现你的专业知识和才能，因为这类客户善于抓住新东西、学习新知识，他们会因此佩服你，并且愿意与你交朋友。

这类客户自尊心很强，销售员不要对他们施压和紧逼，要知道"顾客至上"！使客户生气，就会对你产生不利，就会给交易带来许多麻烦和困难，甚至泡汤。

这类客户对自己的知识很自信，特别是在销售员面前。所以销售员可利用这一点，在推销过程中，还可以表示仰慕他们的人品和渊博的知识，并且让他们为你分析一下客户的心理、社会的经济变化趋势等，这一点他们是乐于说的，同时，对于你的勤学好问也会产生好感，这样就会使双方更加亲近，对交易大有好处。

5. 退休老人

这类客户由于退休在家，即使过去豪情壮志，现在却无所事事。此时他们有时间，对社会的理解可能会有些偏激，但他们的社会经验都比较丰富。

由于他们对将来不会有太多的幻想，所以让他投资是很困难的。

他们经济收入少，靠退休金来维持生活。因此，他们对于购买商品就不免显得犹豫不决，销售员此时应该支持，给他一个动力。

他们对于销售员有一定的怀疑、不信任，又因为收入少，怕花钱买不到好的商品，于是对销售员有很可怕的抗拒心理，销售员消除他们的抗拒心理就成了交易的关键。

老年人思想有些保守，做决定比较缓慢，再加上他们比较爱唠叨，一唠叨起来就没完没了，这是由于他们退休后无所事事，心里觉得孤独，总希望和别人说两句来打发时间，所以他们见到销售员后，也就会与他作较长时间的谈话。这就必须有耐心，尽量诚恳地与之交谈。

最好是在他喋喋不休时，找一个合适的时机打断他，向他进行推销说明。不过，有一点要注意，就是当客户正沉浸于自己的话题中时，不要以不正当理由打断他，这样你不仅推销不了商品，还会激怒他。

面对这类客户要尽量诚恳，对于他们的孤独要表示关怀。同时要对他们口中那些一直得意或骄傲的事多加关注，这样可促进双方的感情，容易交朋友，对交易也有很多好处。

对他们的施压不要太明显，这样他们会以为你在骗他，会对你产生不信任之感。一旦你们话不投机，甚至会影响你的信誉，影响交易的成败。

总之，人各有不同，但销售员不能因此放弃麻烦的客户，要采取不同的说话方式。因人施法，恰到好处，这样推销产品才能成功。

创造亲和力让客户听你说

亲和力是人与人交往的重要条件之一，涵盖了人身上多种美好品德。它不单是指人际互动中的平等对待，更重要的是建立起心灵上的情投意合。若对方感受到你的亲和力后敞开了心扉，并回报以他的亲和力，两人便可成为一世难求的知己。在销售员身上，要如何打造属于自己的亲和力让客户信任呢？

气质是由内而外展现亲和力的关键，因此销售员应注意内在气质的修养。

亲和力首先表现为丰富的内心世界。理想则是内心丰富的一个重要方面，因为理想是人生的动力和目标，没有对理想的追求，内心空虚贫乏，是谈不上气质美的。品德是气质美的另一重要方面，为人诚恳，心地善良是不可缺少的。文化水平也在一定的程度上影响着人的气质。此外，还要胸襟开阔，内心安然。

亲和力看似无形，实为有形。它是通过一个人对待生活的态度、个性特征、言行举止等表现出来的。

对于销售员来说，亲和力一般体现在几方面。

第一，仪表。仪表礼仪很重要。一个长相讨人喜欢的销售员自然容易给客户留下深刻印象。

第二，表达。还未开口就满头大汗，说话结结巴巴词不达意，似乎离销售气质远了点，客户最喜欢那种见面"自来熟"的人。每天跑客户，认识不同的人，见面就能聊上几句，局促的局面很快就能打破，接下去的生意自然也就顺利了。

第三，谦和。和气才能生财，如果一个人对客户说话都持趾高气扬态度，那么，在做客户拜访的时候岂不是要把客户都得罪了？

第四，能承受风言风语。前脚还未跨出客户办公室的门，眼角瞟到客户已把你的名片扔进废纸篓，这是销售员常常会碰到的事情——没把你赶出大门已是客气。所以，如果不能承受若干"刁难"，没听上几句重话，就"眼泪忍不住掉下来"，销售市场当然会淘汰你。

第五，忠诚。凡是销售业绩比较好的员工，首先对自己的产品有强烈之爱。只有这种发自内心地对产品强烈的爱，才会对公司、对产品产生忠诚，接下去就是如何把这种信息传达给客户，与他一起分享。

如何拉近与客户的心理距离

在课堂上老师采取突然提问的方式，以促使学生注意听课。老师清楚地知道，学生的心不在课堂里，那他所做的一切都是白费口舌和浪费时间。

同理，要是销售员无法拉近与客户的心理距离，他就无法引导与带动客户的思考方向，他的推销话语将如泥牛入海，掀不起半点波澜，无法激起准客户的兴趣、联想以及购买欲望。

拉近与客户的心理距离，不局限于商品，更重要的是销售员本人。销售员不能像老师要求学生那样要求客户，他只有依靠"捷径"来吸引客户。

第一，别出心裁的名片。别出心裁的名片能吸引客户的注意。名片代表递出名片的人。名片若和其他人的名片大同小异，那么名片将无法传达特殊信息，便无法引起客户的注意。相反，如果你的名片设计独特，不但能传达一些特殊信息，必定也能引起客户的注意。客户对你会特别关注。

现在是一个多元化、信息化的社会，由于科技的进步，你能以极低的成本，迅速制作出不同形式、图文并茂的名片。因此，你可以针对不同的拜访对象，设计并使用不同形式的名片，以便吸引初次见面的准客户。

南方某报的征订主办方曾使用报社统一印发的名片，名片的格式设计呆板，毫无新意可言。后来他们尝试自己设计与打印名片。他们在自己的名片正面打上"您没有订阅《××报》的原因……"几个大字，然后又在名片反面打上"可能是因为您不了解它。"这一招颇有效果，他们初次拜访的许多客户因此而给予他们讲解《××报》的特点的机会，另外，他们散发出去的名片所带来的电话订单也大大增加。

尝过这个甜头后，征订主办方灵机一动，索性设计了几种不同版本的名片，根据自己对客户类型的判断，发放与之相同风格的名片。如对新生代的年轻客户，他发放的名片设计风格前卫超群，而对于老人，他发放的名片设计风格成熟稳重……事实证明，他们的"名片制胜术"的确收到了不同凡响的效果，他们的报纸征订单成倍增加。

第二，寻找共同的话题。初次拜访时，对话如果没有共通性是行不通的，而且通常都是由销售员来迎合客户。倘若客户对销售员的话题没有一点兴趣的话，彼此的对话就会变得索然无味。

销售员为了和客户建立良好的关系，最好尽快找出共同的话题，在拜访之前先收集有关的信息，尤其是在第一次拜访时，事前的准备工作一定要充分。

总之，询问是绝对少不了的，销售员在不断地发问当中，很快就可以发现客户的兴趣所在。

例如，看到橱窗里有很多的古董，销售员可以问："您对古董很感兴趣吧？埃及木乃伊巡回展，不知道您去看过了没有？"

看到高尔夫球具、溜冰鞋、钓竿、围棋或象棋，都可以拿来作为话题。

对异性的流行、兴趣和话题也要多多少少知道一些，总之最好是无所不通。

打过招呼之后，谈谈客户感兴趣的话题，可以使气氛轻松一些，接着再进入主题，效果往往会比一开始就直接进入主题好得多。

天气、季节和新闻也都是很好的话题，但是天气一分钟左右就谈完了，所以很难成为共同的话题。

要做到对客户感兴趣的东西无所不知，必须靠多年的积累，而且要努力不懈地来充实自己。

日本"寿险皇帝"原一平为了迎合各种各样的客户，他选定每星期六下午到图书馆苦读。他研修的范围极广，上至时事、文学、经济，下至家庭电器、烟斗制造，几乎无所不学。

由于原一平涉猎的范围太广，所以不论如何努力，总是博而不精，永远赶不上任何一方面的专家。既然永远赶不上专家，因此谈话要适可而止。

在与准客户谈话时，原一平的话题就像旋转的转盘一样，转个不停，直到准客户对该话题发生兴趣为止。

举例来说，在与准客户见面后，先谈时事的问题；没反应，立刻换嗜好问题，如果他有兴趣，从眼神中可以看出来；再没反应，又换股票问题，如此更换不已。

原一平曾与一位对股票很有兴趣的准客户谈到股市的近况。出乎意料，他反应冷淡，莫非他自己把股票卖掉了吗？原一平接着谈到未来的热门股，他眼睛发亮了。原来他卖掉股票是为了添购新屋。结果他对房地产的近况谈得很起劲。最后，原一平知道他正待机而动，准备在恰当的时机，卖掉房子，再买未来热门股。

原一平就是用这种不断更换话题的"转盘话术"，寻找出准客户的兴趣所在。

不可忽视表面形象

在我们日常的人际交往过程中，人们都有这样的体会，一个穿着整齐得体、谈吐自然流畅而又充满自信的人，往往给人一种十分愉快的感觉，人们也愿意与他接近；而对那些外表邋遢的人通常没有好感。人们会想，一个连自己的外表都收拾不利索的人，能把交付给他的工作干净利索地完成吗？

在一家企业曾发生过这样一件事：

一天，一名业务员来向一个企业的经理推销产品。这个业务员穿着一件沾满汗渍的上衣和一条皱巴巴的裤子，用含糊不清的话语说："早上好，先生！我代表 ×× 钢铁公司特地来拜访您……"

"什么？"该企业的老总不高兴地问，"你代表 ×× 公司？年轻人，我认识你们公司的董事和经理，你错误地代表了他们。"

结果，这位业务员还来不及介绍自己的产品就被拒绝了，只是因为他的穿着不能给人好感，更无法代表一个成功者的形象。

也许，这位业务员会感到很冤枉。自己长途跋涉，经受风吹日晒，没顾上打理自己的形象直接来拜访客户，就是为了节约时间。可谁知，客户竟然这样"以貌取人"。连介绍产品的机会都不给，是否太主观、武断了。

其实，这位经理的做法是大多数人的普遍反映。这就是先入为主的深刻影响。

在心理学中，第一印象被称为"首因效应"，这是人们普遍的主观性倾向。第一印象是非常短暂的，只有几秒到几十秒之间。人们对某个人的印象就在如此短的时间内形成了。比如说，谈到原一平，我们就会联想到他那张充满微笑的热情的脸庞和风尘仆仆的身影，这就是他给我们的第一印象。

第一印象既可助某人或某事成功，也可令某人或某事失败。如果销售员给客户留下的第一印象良好，就有助于以后的交往；如果第一印象就不过关，以后就没有深交的可能。

什么是第一关呢？

在推销活动中，首先映入客户眼帘的就是衣着服饰。特别是初次见面的人，印象的90%产生于彼此的服装与仪容。虽然以貌取人是不对的，但可以想象一下，你看到一个浑身脏污的流浪汉和一个衣着华贵的绅士，感觉当然是不同的。由此可见，首次给顾客留下的外在印象显得更重要。

既然这样，销售员应时刻对自己仪表行为多加注意，争取利用外在形象先赢得客户的好感，给他们留下良好的第一印象。那样的话，即使初次推销不成功，以后还有继续深交的机会。

有一次，销售员刘德访问美国大都会保险公司，该公司副总经理问他："您认为访问准客户之前，最重要的工作是什么？"

刘德回答说："见客户之前，先从头到脚地整理一下自己。"

要保持外表的清爽整洁，需要做到几点。

（1）得体的衣着打扮

清爽整齐的外表离不开得体的衣着打扮。如果不注意这方面的学问，就不可能赢得客户的好感。

有位销售员在一次商务洽谈会上结识了一位经理，两人约定了时间再仔细商谈。可是，当销售员要去拜访客户的那一天却下起了大雨，于是他随便找了件旧西装，穿上雨鞋就出了门。等他顶风冒雨好不容易才见到那位经理时，没想到那位经理冷淡地说："你跟负责这事的人谈吧，我已跟他提过了。"

怎么会这样呢？销售员百思不得其解。

当他经过楼道，无意中从该公司整理仪表的大镜子前看到了自己的一副"尊荣"，他吃惊地喊道"天啊！"这哪里是以前那个穿着干净、潇洒而神采奕奕的自己，陈旧的、掉颜色的西装配着那双夸张的大雨鞋，不伦不类，随便邋遢，被雨水打湿的头发凌乱不堪……他恍然大悟，这种形象自己都大吃一惊更不用说客户会怎么想了。

由此可见，得体的穿着是多么重要。因此，销售员需要懂得一些服装搭配的常识和礼仪。比如，穿西服不能配运动鞋，在郑重的场合不能穿休闲服等。

当然，合适的穿着打扮就是与自己的身份、年龄、体型、气质、场合等相符，这样才能使人赏心悦目。

（2）举止得体

除了外表清爽整齐外，举止也要得体。因为人们在日常交际中对他人的第一印象主要来自动作、姿态、外表、目光和表情等非口头语言。这些非口头语言可提供 60% 到 70% 的信息。如果在面对客户时如果有一些不雅的举动也会令其形象大打折扣。比如：

当着客户的面打哈欠；

当着客户抖动双腿；

当着客户掏耳抠鼻；

当着客户搔头皮；

在餐桌上剔牙，或者随地吐痰；

用藏满污垢的长指甲和客户握手等。

以上这些举止都会留给方不好的印象，认为这样的销售员不拘小节、不尊重他们。因此，销售员在日常生活中应该有意识地避免各种不雅行为，要在客户面前树立有内涵、有修养的形象。那么，客户才会欣然接受你，给你销售与服务的机会。

（3）善用"近因效应"，让对方将不快改为好印象

"近因效应"是指交往中最后一次见面或最后一瞬给人留下的印象，这个印象在对方的脑海中也会留存很长时间。如果自己在与客户初会的过程中，表现平平，没有给客户留下良好而深刻的印象的话，那么，可以抓住分手的最后一瞬，做一个良好的表现来补救。如果补救及时得体，也会给对方留下好印象。

总之，不论是拜访新客户还是老客户，一定要做足"表面功夫"。任何时候都不能认为自己和客户比较熟识了，就表现得随便一些。特别是在生活节奏日益加快的现代社会，很少有人愿意花更多的时间抹去他人留给自己的糟糕的印象。因此，在与客户相处中要努力给他们留下一个好形象。

请记得，温馨的问候

人类本质上就是一种情感的动物，不管是男人女人，老人小孩，都有感情。不管和任何人接触，有感情，我们就感到亲近，就会关心对方，爱护对方。即便是一只野生动物，如果与饲养员长期共处，也会产生感情。

销售员要"将心比心，以心换心"，拿一颗心去结交客户。看起来好像挺麻烦，其实，这一颗心有时候来得很简单，很自然。例如，对客户的需要表示关心，或者只是对客户的心情予以抚慰，或者经常在特殊的日子里向客户致以节日的祝福。向客户表达自己善意的诚心诚意的关心是很多销售员在成交之后都非常在意和注重的一件事情。

乔·吉拉德独创了一个巧妙的 12 月推销法，现在它已经被世界 500 强中的许多公司所采用。乔·吉拉德创造的是一种有节奏、有频率的"放长线钓大鱼"的促销法。他认为所有已经认识的人都是自己潜在的客户，对这些潜在的客户，他每年大约要给每位客户都寄上 12 封广告信函，每次均以不同的色彩和形式投递，并且在信封上尽量避免使用与他的行业相关的名称。

1 月，他的信函是一幅精美的喜庆气氛图案，同时配以几个大字"恭贺新禧"，下面是一个简单的署名："雪佛兰轿车，乔·吉拉德敬上。"此外，再无多余的话。即使遇上大拍卖期间，也绝口不提买卖。

2 月，信函上写的是："请你享受快乐的情人节。"下面仍是简短的签名。

3 月，信中写的是："祝你圣帕特里克节快乐！"圣帕特里克节是爱尔兰人的节日。也许你是波兰人，或是捷克人，但这无关紧要，关键的是他不忘向你表示祝愿。

然后是 4 月、5 月、6 月……

不要小看这几张印刷品，它们所起的作用并不小。不少客户一到节日，往往会问夫人："过节有没有人来信？"

"乔·吉拉德又寄来一张卡片！"

这样一来，每年就有 12 次机会，使乔·吉拉德的名字在愉悦的气氛中来到这个家庭。

在商言商，但到了一定的层次则功夫在言外，讲究"在商不言商""斗智不斗力"。乔·吉拉德没有说一句"请买我的汽车吧！"一类的话。但这种"不说之说"，不提销售的销售，反而给人留下更深刻、更美好的印象。那些每月收到乔·吉拉德贺卡的人，等到要买汽车时，想到的第一个推销商，往往就是——乔·吉拉德。

销售员向客户表达心意的方法有很多，总之以能体现出自己的诚意为原则。除了可以像乔·吉拉德那样寄去贺卡外，还有多种方式可以选择，如电话、传真、手机短信等。有时候即便是一些贴心的小事，也能带来良好的效果。

关心客户所关心的人和事或者对客户感兴趣的人和事表示出兴趣；在客户生日或其他重要节日给客户祝福和问候；留心客户的习惯，如客户喜欢吸的香烟、喝的茶、看的书籍等，并在恰当时候让客户知道；善用手机短信祝福和问候等，这些"小动作"，往往能给销售员带来出其不意的惊喜。

当然客户的感受还需要我们在交往中不断地捕捉。因此，销售员必须首先赢得客户良好的感受，进而使之上升为对产品的良好感受，那么，我们向客户介绍产品、推销产品、提供服务就会得到客户很大的认同，因为他相信你，自然也相信你的企业，相信你的产品、你的服务。

第二章　所说的让客户认可

相信很多人都听说过苏格拉底，他是两千多年前的古希腊著名哲学家。可以毫不夸张地说，苏格拉底是在与形形色色的人们讨论各种各样的问题中度过他的一生的。他所创立的说服法，至今还被世人公认为"最聪明的反驳法"。苏格拉底说服法的原则是：当与观点不同的对手讨论或辩论问题时，开始时不要讨论彼此有分歧的问题，而是强调彼此相一致的共同点，当在各相关点上都取得完全一致后，对方原来的主张便不攻自破，说服最忌讳的是，刚刚开始，对方就公然表示反对意见，说出"不"字。

因此，聪明的销售员说服顾客，总是想方设法让对方说"是"。首先提出一些接近事实的问题，让对方不得不回答"是"。可以说，这是和客户结缘的最佳办法。"推销时先推出容易被客户接受的话题，是与陌生人搭腔的好办法，是说服顾客的最基本的方法之一。"世界上很多伟大的销售员对此都深有体会。

让每句话都被客户认可

美国销售大师甘道夫博士有一句名言："销售的技巧是98％的了解人性

加上 2% 的产品知识。"很多销售员之所以不成功，就是因为讲话内容的重心不集中，也就是不够了解客户，不懂切题，讲了许多废话，让客户的心飞走了。

有些销售在营销的过程中会滔滔不绝地讲，讲产品的性价比，讲品牌的价值，讲使用后的效果，一场对话下来，自己口干舌燥不说，成交率还不高。

这种做法错了吗？当然没错，营销时的确要把一些问题给客户讲清楚。但如果销售员一直在口若悬河，只顾着自己讲，忽略客户的感受和反应，那就错到没边了。

为什么这么说？因为客户才是营销的主角，如果你一直在滔滔不绝地说，却没办法获得客户的认可，那不等于是白讲了吗？

在一场营销对话中，我们要讲，同时也要设法让客户认可我们说的话，这样才能让成交变得顺理成章。而客户认可我们的最直接体现就在于一个字——是。

客户说是，那说明他同意你的观点，认可你说的话，那你说成交率会不会变高。

这也是我们今天要讲的一个促单方法——心理引导法，要设法让客户点头说"是"。

让客户说"是"就是把他们一步步地往成交的方向推，掌握这个方法，你在销售时将会事半功倍。

那怎样才能引导客户不停地点头说是呢？

这里告诉大家两个简单的办法。

第一，在营销时，讲无法否认的事实。

什么是无法否认的事实？很简单，你说每个人都希望花最少的钱买到最好的产品。这个观点就是无法否认的，客户听到后也会点头说是。

在营销时，我们就可以多说这样一些事实。

比如，客户没听说过我们的品牌，那你就可以说：你可以搜一搜我们的牌子，名气可不小。而且你没听过的品牌不代表就没有知名度，你说对吧。

面对这样的问题，顾客一般也会点头说是，的确如此呀，总有一些不错的牌子是他没听说过的，这点他不能否认。

讲无法否认的事实，就能让顾客形成一种惯性的认可状态，他觉得你说的都对，自然也就会越来越信任你。

心理引导法的第二个技巧是用设问启发顾客说"是"。

在营销时，我们也可以主动用设问法启发顾客说"是"。举例来说，客户看中了一套化妆品，但是觉得有点贵了，这时你可以问：您买东西的时候肯定不是只看价格不看品质的，对吧？

在这种问题下，一般人都会回答"是"。

除此之外，我们还可以根据客户的特点提出各种设问。比如你是卖衣服的，现在有位穿得很休闲的男客户，他喜欢上一件休闲风的卫衣。这时候你就可以问他：您平时肯定很喜欢休闲装吧，看得出来您的生活态度非常轻松。

这种带着夸奖式的设问会直接激发对方说"是"的欲望，也能让他的购买欲变得更强。

总而言之，在营销中，如果你能坚持引导客户不停地点头说是，那你成交的概率也会越来越大。大家不妨在实践中多用一用，保证你能收到令人意外的良好效果！

一流的销售员不会把焦点放在自己能获得多少好处上，而是放在客户会获得的好处上。当客户看到我们尽心尽职的服务，又通过我们的产品或服务获得想要的利益时，客户就会把钱放到我们的口袋里，而且，还要对我们说"谢谢"！

一开始就让客户点头称"是"

"Yes"说多了，也会有惯性，说"No"也是。你信吗？

美国明尼苏达大学教授马可·辛德和麦可·康尼汉做了一项实验。他们随机打电话给 30 个人，问他们是否愿意回答公共服务机构的 8 个问题，结果有 25 个人同意。接着他们又打电话给另 30 个人，问他们是否愿意回答 50 个问题，结果有 24 个人拒绝。

过了两天，他们以另一研究机构的身份，打电话给第一批愿意回答的人，问他们是否愿意回答 30 个问题，结果近 70% 的人表示愿意，接着又打电话给第二批拒绝回答的 24 个人，问他们是否愿意回答 30 个问题，结果，只有 12% 的人同意。

这项研究证明：开始说"是"的人，大多数就会继续说"是"；相反，开始说"不"的人，大多数就会一直说"不"。

一旦人心里想到拒绝，嘴上说"不"，他身体内分泌、神经、肌肉以及全部组织都会表现出拒绝的形态。这就意味着，说服对象从心理到生理都对你关上了大门。这时任凭你如何巧舌如簧，也是瞎子点灯白费蜡。奥佛斯教授在给哈佛大学新生的一次演讲中指出：

"不"是最不容易突破的障碍，当一个人在说"不"时，他所有的人格尊严，都要求他坚持到底。要想博得别人的同意或者获得相同的看法是不容易的。有的时候你的问话让他说"是"和"不"都可以，但他们往往采取后者，要是那样的话，你的交谈在开始时便结束了。当他说"不"的时候，他不会考虑太多。但事后即使他发现错了，然而他考虑到自尊，他仍会坚持他的说法，而不是想法，所以他口头上还得"不"下去。因此，当我们在和别人谈话时尤其在一开始就用肯定的态度，是最重要的，也是关键的。

聪明的销售员说服顾客，总是想方设法让对方说"是"。首先提出一些接近事实的问题，让对方不得不回答"是"。可以说，这是和客户结缘的最佳办法。"推销时先推出容易被客户接受的话题，是与陌生人搭腔的好办法，是说服顾客的最基本的方法之一。"世界上很多伟大的销售员对此都深有体会。

美国总统林肯以强有力的说服者而著名。他的奥秘就是在说服开始时，"先找到一个共同的赞同点"。一位记者评说林肯的演讲时写道："在前半小时，他使反对者同意他所说的每个词。接着，他从那里开始领着他们往前走，一点一点地，最后把他们全部引入自己的栏圈里。"

下面是一位成功销售员的开场白：

"好可爱的狗啊，您一定很喜欢它吧？"

"对呀！"

"毛色真是洁白，您对它的照料一定很周到吧？"

"是啊！"

遇到爱狗的客户，可以通过"狗"非常顺利地与客户搭上腔。这种方式确实能引起对方的共鸣，从而引导对方做肯定回答，再逐渐转移话题，"言归正传"切入正题，自然而然地转向我们的观点。

当然，使用这种方法来说服对方，有一点要引起我们注意：一定要创造出让对方说"是"的气氛，要千方百计避免对方说"不"。因此，提出的问题应精心考虑，不可信口开河。

让我们来看看一位销售员与客户之间发生的这么一场对话：

"今天还是和昨天一样热，是吗？"

"是的！"

"最近通货膨胀，治安混乱，是吗？"

"是的！"

"现在这么不景气，真叫人不知如何是好！"

这一类问题虽然很正常，不论销售员如何说，对方都会回答"是的"，好像已经创造出肯定的气氛，可是注意他说话的内容，却制造出一种无心购买的否定悲观的气氛。

也就是说，客户在听到他的询问后，会变得心情沉闷，当然什么东西也不想购买了。

要使对方回答"是"，提问题的方式是非常重要的。什么样的发问方式比较容易得到肯定的回答呢？最好的方法应是：暗示你所想得到的答案。

所以，在推销商品时，不应问客户喜不喜欢，想不想买。因为你问他"你想不想买""喜不喜欢"时，他可能回答"不"。因此，应该问："你一定很喜欢，是吧！"

当你发问，对方还没有回答时，自己可先点头，你一边问一边点头，可诱使对方做出肯定回答。

如果说服对象已持有较顽固的己见，直来直去的说服，往往会碰钉子。聪明的办法是将注意力从他敏感的问题上引开，寻找一些共同语言，攀谈一会儿。

有一位美国人名字叫詹姆士·艾伯森，他是银行的出纳员。一天，银行来了一位年轻人，要求办储蓄业务。可当艾伯森要他填写存款表格时，他竟然对有些栏目拒绝填写。

艾伯森灵机一动，说道，"不愿填的那些栏目也不是非写不可。"然后话锋一转，"但是，假定你发生了意外，是不是愿意银行把钱转给你所指定的亲人？"

年轻人说："是。"

"那么你是不是愿意把这个亲人的名字告诉我们，以便我们可以及时处理？"

"当然愿意。"年轻人又答道。

这时，年轻人已经忘了刚才的态度，高兴地填满了所有栏目。

下面是一些让客户说"是"的例句：

"你知道，先生，这世界是由三种人组成的：梦想家、思想家和实干家。首先是梦想家，他们整天幻想丰富但无所事事，最终一事无成；其次是思想家，他们甘于平凡，从不付诸行动来改变自己；最后是实干家，他们善于行动，是事业有成者。客户先生，我知道你属于哪一类，所以你会做出正确的选择，是吗？"

"先生，买这件产品就是一项投资，像任何投资一样，你利用的时间越长，它的价值就越大。这就像骑自行车一样，你蹬的时间越长，他跑得就越远。但你可以在任何时候停下来、下车。同样，买这个产品也是这个道理。你用的时间越长，它的价值就越大，而且你可以在任意时间将它卖掉。但你首先必须做的是，骑上车，蹬起来。我说得有道理吗？"

"先生，有时候以价格来引导我们作购买决策并不是很正确的，你说对吗？没有人会想为一项产品投资过多的金钱。但是有时候投资太少也是一种问题。投资太多你最多损失了一些钱，但是投资太少，你购买的产品又不会带给你预期的满足。我很少发现，你可以用最低的价格买到最高品质的产品，这是经济的真理。

在购买任何产品时，有时多投资一点来平衡你的风险，这是比较明智的做法！假如你同意我的看法，为什么不多投资一点来选择你比较满意的产品呢？毕竟普通产品所带来的不便是很难释怀的。当你感受较好的产品所带来的好处及满足时，价格就已经不是那么重要了，你说是不是呢？"

"先生，美国有位非常伟大的将军叫鲍韦尔，他曾经说过：'拖延一个决定或不做一个决定比做错一个决定带来的损失要更大！'我们现在讨论的不也是一个决定吗？假如你说'不'，没有任何事情发生改变，明天还是跟今天一样，你说是吗？假如你说'是'，即将得到的好处是……"

让客户自愿掏腰包

客户永远是我们的上帝，不管其性格如何，销售员都要永远保持尊敬的心态，完美的服务。

销售员在日常工作中，经常会遇到对价格很在意的客户。一般，想赚这样客户的钱不容易。因为这样的客户不会因为稳定、信任、关系等选择一个固定的供应商。他们会比较价格，并且会将利润压到最低点，然后再要求质量的好坏。他们对于高价位的产品不舍得购买，多年来的节约习惯使他们对高价位的产品比较排斥，对产品的挑剔较多，拒绝的理由也会令人出其不意。

事实上，这类顾客爱还价是性格所致，并非对商品或服务有实质的异议，与这种顾客打交道很考验销售员对交易条件的坚定性。这时销售员可以特别强调商品的抢手性，然后再强调商品或服务的实惠，双管齐下，更容易使其爽快成交。

针对这种类型的客户，建议销售员要根据自己的产品特点及企业优势，能满足的条件尽量满足，不能满足的也不要过分许诺。当然，这种类型的顾客不一定没有购买的诚意。在日常生活中，先尝后买的事情比比皆是。尝试样品是免费的，当顾客感受到样品的好处，自然也不会完全拒绝。

同时，销售员可以向客户提供多项选择。如果只提供一种方案，客户就会本能地想着还价。而如果从低到高给出三种方案的报告，客户的注意力便会从"我要还价"转移到"哪种方案更合适"上。此时，客户就会思考第三种方案的价格太高，第一种方案的价值没有体现出来，想来想去还是觉得第二种方案合适。

不过销售员设定多种方案的方法并不万无一失。有时客户会要求用最低的报价买最高报价的方案，并且要求你分项列出每一项的单价。这样，销售员就会处于被动的位置。

其实，销售员与客户还价反而会让其不悦。但是如果轻易降低价格，又会让客户觉得你的报价有很大的水分，既而减少了对你的信任与尊重。而如果采用交换的方式，销售员既不会损失自己的利益，又会让客户更加信任你。

为此，制定多重方案的好处，在于让客户感觉是从自身利益出发，而不是被动地与销售员展开价格"拉锯战"，为此双方谈判起来气氛会更加融洽。

让少言寡语者开口

少言寡语类型的客户是推销中最难拿下的一类，因为不论你多熟练地介绍产品，他们依旧态度冷淡，只会只言片语地应付了事。

推销大师原一平指出：只有销售员在与客户进行沟通后，才能知道他是否有购买的意图。而碰到一些少言寡语的人，就必须要在他的身体信号中捕捉到你所需要的信息。

有的客户不爱与人沟通交流，虽然寡言少语，但态度不错。对于销售员的到来，从始至终都报以微笑，表示欢迎。

但是在好态度的背后他始终沉默不语。总让人感觉他对这桩交易有意思，但就是不说一个句想成交的话。那么，为什么他们少言寡语，不愿与人交流沟通呢？这里，我们要从心理层面做分析。

首先，这类人不善于表达自己的意见。这种类型的客户在谈话方面拙于言辞，不擅长语言表达，干脆就以沉默来对待对方。

其次，他们认为多说无用。这种心理是与生俱来的。在与别人交往的过程中，他很自然地将自己定位于"听众"。

最后一点，他的神情已表达了自己的意见。这种心理的客户既不缺乏语言表达的能力，也不是不爱说话，他是碰上了他想说却又不能说或者很难表达的事。他只好换一种方式，用"形体语言"来表达他的意思，不同于口头表达的是，他的这种"形体语言"所表达的意思，往往与他心里的真实感受相反，如他和蔼可亲，满脸都是笑意，但其实他此时内心可能十分忧虑或者很不耐烦。

那么，在遇到这种不善于言辞的客户时，是继续介绍产品？还是转身走人呢？如继续介绍，他会报以微笑，依旧专心致志地听着，对买东西的事闭口不提。

在遇到这种客户时，要从他的形体、语言、神态来分析。从外表上观察，抓住他们的心理。如果你是个洞察力很强的人，就可以在时机成熟时，拿出产品向他展示。如果客户觉得很有用，会毫不犹豫地在协议单上签下这份订单，如果没有兴趣，即使说再多也无用。这种做法在神经语言学上叫作强迫性交易法。

要完成对上述类型客户的推销，关键在于销售员是否能捕捉到客户的真实意图。正所谓"知己知彼，百战不殆"。

介绍产品时要突出优势

每一样产品都有它的优势。

如果你每天都要和国外分公司联络，那么，使用传真机最方便，还能节省大量的国际电话费；牙膏有苹果的香味，闻起来很香，这样你家的小朋友每天都喜欢刷牙，可避免牙齿被蛀；这双鞋是在正式场合穿的，鞋底非常柔软富有弹性，很适合步行上下班的您。

当然，厂商将产品导入市场前也做过市场调查，确信商品的特性和优势能满足目标客户的喜好，但不可否认的一个事实是每位客户都有不同的购买动机，真正影响客户购买决定的因素，绝对不是商品优点和特性加起来最多。你的商品有再多的特性与优点，如果不能让客户知道或客户不确信会使用到，再好的特性及优点，对客户而言都不能称为利益。

销售员带给客户的特殊利益越多，客户越能得到最大的满足。那如何介绍产品才能突出优势，让客户看到更多利益呢？

第一，确定客户的取向。客户取向通常取决于三方面：价值、系统和人。当客户感觉到产品或者服务在质量、数量、可靠性或者"适合性"方面有不足的时候，他们通常会侧重于价值取向。期望值受商品或者服务的成本影响，对低成本和较高成本商品的期望值是不同的。但当核心产品的质量低于期望值时，他们便会对照价格来进行考虑。

第二，让客户认定物有所值。只有保持稳定的客源，才能为品牌赢得丰厚的利润。但是，当商家把"打折""促销"作为追求客源的唯一手段时，"降价"只会使企业和品牌失去它们最忠实的"客户群"。培养忠诚的客户群，不能仅做到"价廉物美"，更要让客户明白这个商品是物有所值的。销售员只有找准目标客户的价值取向和消费能力，才能真正培养出属于自己的"忠诚客户群"。

第三，服务第一，销售第二。良好的客户服务是建立客户忠诚度的最佳方法。包括服务态度、回应客户需求或申诉的速度、退换货服务等，让客户清楚了解服务的内容以及获得服务的途径。当客户获得了一个很好的服务体验时，他们自然会形成"第二次购买"。但是如果他们获得了不好的服务时，他们会向周围更多的人宣传他们的"不幸"。因此，销售员要想提升客户服务，必须要把与产品相关的服务做到家，然后才是真正的产品销售。

第四，主动提供客户感兴趣的信息。一对一个人化的服务已经成为一个趋势，例如可以设计一个程式，请客户填入他最感兴趣的主题，或是设计一个程式，自动分析客户偏好资料库，找出客户最感兴趣的主题。当有这方面的新产品时便主动通知客户，并加上推荐函，必定能给客户一个不一样的个人化服务感受。

第五，知道客户的价值定义。销售员设定一个"客户忠诚密码"是非常有价值的。知道客户的价值取向对于建立较高的客户忠诚是非常重要的。但是，销售员要想真正知道客户的价值定义也绝不是易事，因为客户的价值定义也是不断变化的。投资于客户忠诚研究有助于公司理解"能够为客户带来多大的价值"。

因此，发掘出客户的特殊需求，便能找出产品的优势。当客户的特殊需求被满足，客户的特殊问题被解决，这个优势就有无穷的价值。这也是销售员存在的价值。而销售员对客户最大的贡献，就是能够满足客户的特殊需求或帮助客户获得最大的满足。

语言引导技巧之激将法

激将法是人们熟悉的计谋形式，三国时的刘备用激将法也是大有一套，他是以情动人，所以有"刘备摔孩子，邀卖人心"之说，关张赵云都为他卖命。

在推销中，正确且巧妙地运用激将法，能收到积极的效果。运用激将法成功完成推销谈判的技巧是，要先了解对方的性格。销售员一定要根据不同的交谈对象，采用不同的方法，巧言激将。销售员推销时要先倾听，从客户的言谈中分析出他的性格，寻找到突破口。

在未能吸引准客户注意力之前，业务员都是被动的。这时候，不管你讲什么，都是不会有太大进展的。所以，在恰当的时候应设法刺激一下准客户，引起他的注意，取得谈话的主动权之后，再进行下一步骤。

使用激将话术时，一定半真半假，否则，激将不成反而伤了感情，到时就麻烦了。当对方越冷淡时，你就越以明朗动人的笑声对待他。这样一来，你在气势上就会居于优势，容易取悦于对方。

价值不是看数字大小

我们身边也经常碰到这样的消费者：他们买什么东西都追求实惠，往往忽略品牌和性价比。你说你东西好，他却说网上有更便宜的，反正用起来都差不多。

这种客户的确让人头疼。

今天我就教给大家一个简单的营销方法，让这类客户能回心转意，选择你的产品和服务。

这个方法的核心就只有两个字——代价。

那些只看价格不看质量的顾客也有一个最基本的需求，就是产品安全、有效、能用。

代价法的营销思路就是，让客户明白，如果只看重价格，就可能会付出严重的代价。

具体操作上，我们可以用下面两种方式，让客户感受到他为了省钱可能要付出的代价。

第一种方式，损失列举。

也就是告诉客户，做另一个选择会损失什么。列举损失的时候主要集中在产品的功能和服务的效果上。

打个比方，我这个电饭煲卖 200 块钱一个。顾客说，他在网上看到一款便宜的，只要 80 块钱，也能煮饭。他想买便宜的。

这时候你就可以说，200 块钱的电饭煲比网上那个多了很多功能。比如说，我这个除了煮饭，还能煮粥、煲汤，还有自动定时等一系列的功能。

通过这种功能和效果的列举，让客户明白，如果他选择那个便宜的，他会损失什么。既然他追求实惠，那他肯定也会觉得，这 80 块钱的功能这么少，真是便宜没好货。

这就是损失列举，把客户的潜在损失告诉他，让他自己感觉到我们产品的价值。

第二种告知代价的方式是风险警告。

这条很好理解，就是告诉客户，你买那个便宜的产品存在什么样的风险。

当一位客户只贪图便宜，而不看重品牌和质量时，我们就可以严肃地告诉他某些风险。

比如，你是一家大型装修公司的销售，现在面对一个客户，他老想着省钱，觉得你们公司的价格太贵了，想找个小公司。

这时候你就可以把风险告诉他。找一个小公司帮你装修房子，万一出了质量问题，他们愿意赔给你吗？还有，如果没有正规的施工资质，他们在你家出了安全问题，摔了、磕了，最后你还不得掏钱认倒霉？

把这些合理的潜在风险都罗列出来，这样顾客也会对自己的选择产生怀疑，自然就会改变想法，愿意重新考虑我们的产品和服务。

这就是代价法的两种说法方式，通过销售话术，让客户知道，如果没有选择我们，他可能会面临什么损失和风险，这种心理最终对我们的成交会起到极大的促进作用。

让顾客看到你的乐观积极

成为推销高手的首要条件，是本身心理上的认知，这也是把乐观积极列为高手的第一特性的原因。因为只有乐观积极的人生态度才能衍生出其他优秀的性格。

成为一个乐观积极的人，并不意味着就不会遇上困难与挫折。只是，乐观积极的人有一个好处：自己不会成为麻烦之所在。想成为推销高手，必须先培养推销高手乐观积极的人生态度。

乐观积极的人不谈恐惧与烦恼，只谈人生目标、梦想与希望。他们绝不钻死胡同，相信一定有活路。思路决定出路，能往好处想的人才有可能找到出路。

乐观积极的人相信他的希望和构筑的图像能实现。

能够像推销高手般往好处想的人，就能化消极为积极，将打击与困难转化为成功。

推销高手的内心世界总是光明、坦荡的。

推销高手爱所有的人，包括那些"难搞定"的人。什么样的人都能激发他的斗志，就算面对不利的状况也一样想赢。

推销高手让每个客户都觉得自己是很特别的一位。推销高手特别善于帮客户建立自我价值观。如有一位销售员高手的做法是：让推销对象肯定自己，发现自己的优点，进而彰显出来，这会带给双方极大的快乐。

推销高手对自己和所推销的商品都极有把握，所以能于无形中感染客户。

走访客户时，推销高手深信世上没有任何力量能阻碍他的成功。自信心会瓦解仅有的少许恐惧（生意不成）。此时此刻，他是信心百倍。推销高手深知，客户会更希望和专业人才过招。基于这种认知，他必然以高度专业要求自己，并且也有专业表现。

推销高手知道自己也免不了会遇到挫折，不过他懂得尽量避免遭遇挫折。若是错在自己，他会勇于承认，也会毫不留情地检讨，以此为后事之师，因为失败是成功之母。

推销高手会有明确的生涯规划，长远的人生目标，但他会日日审视、观察是否该做调整，因为他自己才是实现或毁灭其人生目标的人。推销高手不会甘于平凡，这种自信，会促使他努力成为精英。

以上这些心理状态使他面对客户时必然谦和谨慎，但也绝不是谦卑自贬。他会让客户觉得俩人是同舟共济，但他才是有经验、该受尊敬的掌舵人。

顾客眼里你是个专家

如果你去一家电器城买电视机，一定会看到琳琅满目的不同品牌、不同型号的电视机，价格也不一样。在你下决心之前，肯定会向店员询问有关商品的各种问题。如果店员一问三不知，你肯定不会购买。

是的，很多时候，客户需要销售员的帮助。如果你不能提供，他就会去找能够提供的人。在一次展销会上，一位客户看中一台机器，想了解一下用什么钢材制造的，轮子朝哪个方向旋转，销售员却回答不出来。客户十分不满：你来销售产品，自己都弄不明白，别人敢买吗？这说明，销售员一定要了解所销售的产品，让顾客觉得你靠谱，甚至把你当成专家。销售员要能够把产品销售出去，就要了解客户的需求心理，刺激客户的需求欲望，引导客户做出购买决定，并向客户提供服务。

虽然电子、电器等产品的更新速度非常快，但销售员用"太忙""公司教得不详细"等理由去解释自己不精通推销的产品是不能成立的，甚至可以说是失职的。

任何工作都一样，想要精通自己的业务，就要靠自己努力去学习。你精通专业知识不是替公司学习，而是为自己学习，因为你的工作是把你的商品知识传达给客户，协助客户解决问题。因此，你必须刻意地、主动地从更广泛的角度，专精于你的商品知识。

那么，怎样做行家呢？精通商品知识是最基本的要求。对销售员来说，商品知识所涵盖的范围比较广泛，它包括推销一件商品所需要的各种知识。销售员的商品知识懂得越多，工作起来就越有信心，在推销过程中也就越有主动权。销售员需要掌握的商品知识主要包括下列 10 个方面：

第一，商品名称。一位专业推销人员所负责推销的商品从几种到数十种，甚至会更多，这些商品的正式名称、普通名称、简称、俗称等都必须统统记住。

第二，商品内容。必须熟知你所负责推销的商品，同时还必须了解与该商品有关的知识，这样才能回答客户所提出的各种问题。以制造业为例，凡是商品的规格、型号、构造、成分、功能、用途、修理方法、保存方法、使用年限、有效安全期限以及注意事项等都要牢记。

第三，使用方法。要熟练地掌握所推销的商品的使用方法。无论什么商品都有说明书里没有涵盖的注意事项或使用要领，关于这方面的知识，作为一名专业销售员是必须知道并牢记的。

第四，商品特征。你所负责的商品如果比同行的好，就更要清楚这一点，并把它作为推销时的利器；反之，如果它比同行的差，也要特别认识到差在什么地方，并事先研究出对策以回复用户就此问题所提出的质疑。

第五，售后服务。一位销售员若不履行与用户事先签订的服务承诺，就会遇到麻烦。有关售后服务，公司都有一定的规定，要正确无误地向用户传达。要做到这一点，则必须熟记有关规定。

第六，交货期和交货方式。如果合约到期却交不了货，给客户造成麻烦，他一定会追究公司和销售员的责任。尤其是当对方要求在短时间内供货而生产进度跟不上时，更容易遇到这种情况。因此，销售员平时应掌握库存、发货、生产周期等有关情况，不要签订明知交不了货的合同。

交货方式有直接从仓库交货、火车托运、船运和空运等不同方式，根据订货量的大小不同，其运送方式也不同，要清楚在不同情况下使用的运货方式，并能清楚无误地计算运费。

第七，价格、付款方式。要搞清楚公司规定的标准销售价和允许的降价幅度，同时也要清楚标准价和降价的关系。

第八，研究同行竞争者的商品。要想取得竞争的胜利，必须透彻地研究对手的商品。其方法包括查阅本公司所搜集的对方的有关资料，听取上司以及有经验同事的意见。此外，本人还要亲自接触对手的产品，并和本公司的同类产品进行比较，找出其长处和短处。不仅要研究商品本身，还要研究售后服务、价格、付款方式、说明书等。

第九，材料来源与生产过程。公司所使用的原材料是国产的还是进口的？客户可能会问起这方面的问题，销售员为了能妥善回答必须好好地学习。有的客户可能会问到产品的生产过程，因此销售员也应该知道有关这方面的知识。

第十，相关商品。凡是本公司生产或经营的商品，即使不属于你负责推销的也应该略知一二。此外，总公司的销售员对子公司生产或经营的商品也应该了解。如果客户向你问起这方面的内容，你说"我不知道"，那就出丑了。

只有将以上 10 个知识点都了如指掌，你的商品知识才能达到顾客心中的专家标准。

对产品充满信心

有些新手销售员在工作不顺利时总是把失败的原因归结于产品本身："我们的产品价格太高，样式老土，不受消费者的喜爱"。或者当顾客询问他们产品质量方面的问题时，含糊应答说："这东西我没有用过，我可不敢打包票"。这样就增加了客户心中的疑虑。客户怎敢用连销售员自己都没有信心的产品呢？

一名厨具销售员，在一个商场内举办灶具推销活动，他介绍这种厨具可以节能，引来了众人的围观。这时，有购买意向的顾客突然发问："既然你认为这种灶具这么好，那你家是使用这种灶具吗？有××品牌的厨具节能效果好吗？"

一句话把这位销售员问住了，如果说是就是欺骗顾客，如果说不是就会引起顾客的怀疑，他考虑了一下说："我们公司的灶具非常好，我早就想买一套用了。但是，不瞒诸位，我最近的经济状况不太好，支出也大大增加。我一直想拥有一套新住房后配备这样一套新的灶具。至于和品牌厨具相比，各有优劣吧。我们是小厂家，没有那么大的名气，各位使用后就心中有数了……"

听他这么一说，那些原来已经决定购买的顾客改变了主意。他们嘀咕说："既然可以节能省钱，你都不急着用，还没有名气，拿我们当试验品，我们又怎么能相信呢？"

客户也会察言观色，如果营销人员对产品犹豫，会让客户对产品产生怀疑。因此，世界上著名的激励大师约翰·库提斯说："别推销连自己都不相信的东西。"

要说服客户，必须先说服自己。信心是保证销售成功的必备素质。人们常说："世界上没有卖不出去的商品，只有不会推销的销售员。"只有销售员对产品充满信心，客户才会对你充满信心，才会购买你推销的产品。

虽然世界上没有完美无缺的商品，可是不论产品是否完美，销售员都要树立这样的信念，这些商品都是有独特价值的，一定要销售出去，帮助那些需要此产品的人。只有认识到产品对人们的帮助作用，才会唤起自己帮助人们得到此产品的推销热情，才能最终打动客户的心。

一位年轻人借到 1200 美元，他用这笔借到的钱去听了励志大师的一堂培训课，之后深受鼓舞，他认为这种教材内容很好，正是很多人都需要的。于是他放弃了扫厕所的工作，开始去销售培训大师的教材。尽管一本书外加录音磁带一共是 1200 美元，不是普通百姓可以承受的，但是年轻人认为自己能销售成功。就是因为他自己太热爱这个产品了，他太相信这个产品能帮助别人了。

当他拜访一个客户时，客户借口说："教材确实很有用，但我现在没钱，1200 美元太贵了。"年轻人马上回答说："这位先生，我 17 岁被妈妈赶出家门，流落街头，在银行里扫厕所，每小时赚几美分。可是我却能借贷 1200 美元去听课。你现在有房有车有正式工作，怎么可能没有 1200 美元呢？只是如果你不花费这笔钱，你的生活可能只会安于现状，而我，不久后就会超越你。"

看到年轻人十分自信的表情，客户想，我何曾不想让自己的生活有个大的跨越，于是他说："好吧，我倒真想看看这 1200 美元能发生什么奇迹。"就这样，年轻人抱着自己对产品可以帮助人们改变观念、改变生活的坚定不移的信念，把客户的问题统统解决，达成了第一个月 100% 的成交率。

由此可见，销售业绩的好坏很大程度上取决于销售员的心态。只有销售员对产品充满信心，才能让客户对产品建立信心。有信心就会有无与伦比的热情，另外，热情也是可以传递的。由热情散发出来的生机、活力、真诚与自信，会感染客户。所有这些，都是赢得客户好感的因素。

正因为推销工作是艰苦的，因此更需要营销人员充满自信地工作。销售员越是充满热忱，越是充满信心，就越能够使客户真切地体验到这份热忱。客户就会更喜欢你、信任你，更愿意同你做长久的生意。那么你离成功就不远了。

总之，销售员是企业经营的专门人才，承担着多方面的职能，在商品经营中仅凭热情服务难以满足消费者的需要，必须掌握商品的有关知识，才能当好客户的参谋。因此，销售员必须具有旺盛的求知欲，善于学习并完善推销所必备的知识。销售员懂得越多，解释得越通俗而专业，越容易得到客户的认可和信任。

第三章　顾客不放心，话不随意说

大部分的客户都是感性、情绪化的，他们的行为更多是建立在对销售员本人是否有好感上的。因此，尽管很多时候产品介绍让人满意，但因为推销者无心的玩笑话，而对产品不放心了。所以，销售员时时刻刻都要从客户的角度考虑，并非都是单纯的销售产品的话题。只有让客户感觉到你时时刻刻都可以和他形成互动，沟通顺畅，并且能感受到你的亲切、贴心，才能放心谈生意。

销售员的说服术

说服客户并非一件轻而易举就能实现的事。不过，如果说服非常有力，那它几乎是无法抗拒的。心理学家长期以来一直被说服这一社交艺术所吸引——为什么有些人会比另一些人更具有说服力呢？为什么一些说服策略能够成功而另一些却屡屡失败呢？

下面，介绍一些方便掌握的说服术技巧。

第一种说服术——做一个模仿者。巧妙地模仿对方的行为习惯——头部和手部的动作、姿势等——是最有力的说服策略之一。

为了探索模仿的"魔力"，科学家们进行了一个实验，让销售代表向学生推销一种新的饮料。其中，一半的销售代表按照要求，模仿与他们谈话的学生的肢体动作和语言。结果，被模仿的学生对饮料的评价更高，他们对饮料的市场前景也非常看好。这些研究表明，模仿可以在人际互动关系中增强说服的效果。

不过，需要提醒的是，过度模仿会适得其反，至少在被对方察觉后会很尴尬。要点在于：要巧妙运用，模仿幅度不要过大，当你稍感不妙时要立刻停止

第二种说服术——换个角度看问题。如果你想说服周围的人接受你的观点，可以试着去"设定框架"。这是政治家们所钟爱的策略。所谓设定框架，也就是引导人们从对你有利的角度来思考问题或表达观点。由于设定框架往往在选举活动中发挥重要作用，于是，科学家们便设计了相似的投票实验，想看看当投票人被限定从特定角度思考问题时，他们是更容易被说服，还是更难被说服。

研究人员先向 69 名大学生讲述两名候选人小李和小张的观点和政策。其中一半的学生必须在"我支持小李"或者"我反对小李"中做出选择；另一半的学生则必须在"我支持小张"或者"我反对小张"中做出选择。参与者还必须对两名候选人的喜好程度做出评估，选择范围从"强烈支持"变化到"强烈反对"。

接着，研究人员又向这些大学生指出两名候选人的不足，然后再让他们重新评估自己的看法。结果，那些通过反对一名候选人来支持另一名候选人的投票人，更加不容易改变观点。所以，对思维框架的简单改变，引导人们从他们反对的人的角度，而不是从他们支持的人的角度来思考自己的评价，这样可以形成更加强烈、不易被改变的观点。

如此看来，负面信息的影响要比正面信息的影响深刻。所以，如果你想

左右一个面临二选一的人的决心时，一个明智的做法就是对那个你不想让他选择的选项做出负面评价。

第三种说服术——少即是多。在大多数战斗中，从数量上压倒敌人往往会赢得胜利。同样，你运用的论据越多，你就越具有说服力。这听起来似乎合乎常理。但是，事实恰恰相反。一些研究显示，当人们被要求为支持一个观点所提出的理由越多时，他们对每个理由所分配的信心就越少。最终，要求人们"想出所有理由来解释为什么这是个好主意"很有可能会适得其反，还可能会让他们觉得这是个坏主意。

第四种说服术——消磨对方。当你感到饥饿时，你不会对食物挑肥拣瘦，相反，任何能填饱肚子的食物都非常美味。同样，如果有一个人在你脑子混乱时，向你大力推荐他的产品，这时，你很容易被说服。所以，如果你想使自己更具说服力，那么你就要在对手筋疲力尽的时候出击。

第五种说服术——媒介就是手段。在如今快节奏的世界里，我们很少有时间进行面对面的会谈。我们一般会采取发电子邮件或者网上聊天。这会对你的说服力产生什么样的影响呢？

科学家们设计了这样一个实验，他们首先让一组学生讨论一项新的考试政策。相同性别的学生2个人一组。他们中的一个人要说服另一个人接纳这个提议。一半组合的讨论是在网上聊天室里进行，另一半组合的讨论则通过面对面的方式进行。

结果，无论是采取网上交流，还是面对面交流，男性小组的说服成功率几乎一致。但是，采取面对面交流的女性小组，她们的说服成功率要高于采取网上交流的女性小组。科学家们解释说，这是因为女性更倾向于面对面交流，达成共识。而采取网上交流则破坏女性所认可的交流方式，从而降低了说服的成功率。

从另一方面来看，男性总想努力表现自己的能力和独立性，这容易使男性之间产生竞争。所以，如果说服发生在两个从未谋面的男士之间，那么，网上交流和面对面交流所具有的效果和说服力是相同的。但是，如果他们之前见过面，并且有过竞争性的交流，那么，面对面交流的效果不会特别理想，而网上交流则相对好一些。

由此看来，网上交流会降低女性之间达成共识的成功率，却可以冲破存在于男性之间妨碍说服成功的障碍。目前，研究者们正在研究混合性别两人组的说服效果。

第六种说服术——抵抗并非徒劳。历史上，研究说服艺术的心理学家们总是把注意力集中在如何增强说服力上。但是，在过去几年中，研究者们开始转变研究思路。因为，越来越多的证据表明，击垮人们对说服行为的抵抗也同等重要。因为，人们会对想要说服他们的行为产生本能的怀疑，尤其在认为别人在欺骗自己的时候。有时，当你向人们推销某个名人代言的产品时，你似乎在向他们暗示，"你们很容易被说服"。通常，在这种情况下，他们更难以被说服。

所以，抵抗会加大说服的负面效果。那些成功抵抗了劝说的人们会更加坚定自己固有的想法。当他们认为劝说行为越有力越权威时，他们在抵抗劝说时也就越坚持自己的看法。乍一看，这似乎是个谬论。你可能会认为权威有力的论据应该更能动摇被劝说人的意志。其实，这并不尽然。相反，如果人们对一位专家提出的有力论据产生抵抗后，那么一定会更加坚定自己原有的观点。

也就是说，如果你想要改变人们的观点，最好具备有力的论据。但是，如果你的有力论据受到了抵抗，那么说服就很难取得成功。如此，怎样才能打破这个僵局呢？科学家们建议，应该首先站在与被劝说人的想法相近的立场上，以后再逐渐将立场往你的目标方向移近。当然，你也可以提升他们的自尊心。因为，人们在自我感觉良好的时候，更容易接纳新的观点。

客户都需要安全感

推销是一个很复杂的过程，与此相对的，客户的购买也是一个复杂的心理过程。客户从对你的产品和服务有了初步的了解和认识，然后分析判断，到准备购买，再到实现购买行为，整个过程中，客户的心理需求要得到满足。客户的心理需求里，安全感是重要的一点。

俗话说"金杯，银杯，比不上人们的口碑"。在推销行业，口碑被称作是一种永远不会退出舞台、不会承认落后的推销手段。其是一种不需要高成本投入而又逐显成效的一种方法。有时没有口碑保障，客户就会害怕上当受骗，缺乏安全感。

口碑，作为人类最原始的推销广告。在广告媒体没有出现之前，它就稳当先行。但是现今企业在进行铺天盖地的广告宣传后，以及信息密集性商业轰炸的今天。口碑推销似乎已经被众多的推销精英们遗忘和抛弃了。

口碑推销的成本是最低的，可谓是"零号媒介"。而巨大的广告投入，用广告人自己的话说，最成功的广告也有50%被浪费掉。越来越激烈的市场竞争氛围造就了当代理性的消费者。人们已经不再盲目迷信广告的甜言蜜语，而是理性地对待市场消费。

在21世纪这个竞争全球化、经济一体化的知识经济时代，人际关系传播作为人类的"零号媒介"，依然显示着它神奇的行销力量。也正是人类传播信息的天性，以及人们对口碑的高度信赖，更需要众多的销售员注重服务的魅力。

那么，口碑推销有哪些神奇的功效呢？

首先，它能发掘潜在顾客。推销大师原一平总结发现，人们出于各种各样的原因，总是热衷于把自己的经历或是体验转告给其他人。比如：这款手机的性能怎样；新买电视机的清晰度；这家餐馆的饭菜怎样。如果经历或体验是积极的、正面的，他们就会热情主动地向别人推荐，帮助企业发掘潜在顾客。调查表明：一个满意顾客会引发 8 笔潜在的买卖，其中至少有一笔可以成交；一个不满意的顾客足以影响 25 人的购买意愿。"客户传递给客户"的影响力可见非同一般。

其实，打造品牌的忠诚度。良好的口碑能够赢得回头客。老顾客不仅是回头客，而且是企业的活动广告。据不完全统计，一般的公司每年至少要流失 20% 的顾客，而争取一位新顾客所花的成本是留住一位老顾客的 6 倍，失去一位老顾客的损失，只有争取 10 位新顾客才能弥补。推销大师原一平也曾经说过："一位成功的销售员要能保持住自己的客户，要时时刻刻记住保持住一个老客户要比去物色两个新客户要好得多。"

最后，可以巧妙避开对手的竞争。随着市场竞争的加剧，竞争者之间往往会形成正面冲突。口碑营销，却可以有效地避开这些面对面的较量。

除了口碑，要想满足客户对于安全感的心理需求，还需要做到许多，如售后服务。但最基础的只有口碑，做好口碑保障，才能进行下面的步骤。

用承诺消除客户疑虑

"推销"全部在于和消费者建立关系。推销的最基本工作，就是监管和控制产品、服务是否信守了企业承诺。

销售员要确保在推销产品中立于不败之地，根本还是要解决轻于承诺，耽于信守的问题。把客户的利益时时摆放于心间，实实在在地为客户着想。

一次，原一平的一位朋友告诉他，他认识一家实力雄厚的建筑公司经理。于是，原一平请他的朋友写了一封介绍信，他带着信去拜访那位年轻的经理。

谁知这位年轻的建筑经理并不买原一平的账，瞥了一眼原一平带来的信，说道："你是想跟我要保险订单吗？我可没兴趣，还是请你回去吧。"

"山木先生，您还没看我的计划书呢！"

"我一个月前刚刚在一家保险公司投保，你觉得我还有必要看你的计划书吗？"

山木断然拒绝的态度并没有把原一平吓走，他鼓起勇气，大胆问道："山木先生，我们都是年龄差不多的生意人，您能告诉我您为什么这样成功吗？"

原一平很有诚意的语调和发自内心的求知渴望，让这位年轻的经理不好意思再用一种冰冷的态度来回绝他。

于是，山木经理开始向原一平讲述自己过去那段艰难的创业史，每当他说到他是如何克服挫折和困难，遭受很多不幸的经历时，原一平总会伸出手，拍拍他的肩，说："一切不幸都过去了，现在好了。"

整整三个多小时过去了，突然，经理秘书敲门进来，说是有文件要请经理签。等女秘书出门之后，二人相互对望了一下，都没有开口说话。最后，还是山木经理打破了沉默，他轻声问道："你需要我做些什么呢？"

原一平提了几个关于山木先生在建筑事业方面的问题，山木都一一向他做了说明，他已大致了解了山田今后的打算、计划和目标。之后，原一平笑着起身告辞，"山木先生谢谢您对我的信任，我会对您告诉我的话做一些回馈的"。

　　两个星期之后，原一平带着一份计划书又敲开了山木先生的办公室，这份计划书可是他熬了三天三夜，苦心做出来的，在计划书里，原一平详细拟订了山木建筑公司在未来发展方面的一些计划。山木再次看见原一平，非常亲热地走上前握住他的手，说："欢迎光临。"

　　"谢谢你的盛情，请你看一下这份计划书吧，里面如有不当，还请你多多指教。"

　　山木坐在沙发上仔细翻阅了一下计划书，脸上露出欣喜的表情。

　　"真是太棒了，我自己还想不了这么周全呢。实在太谢谢你，原一平先生。"

　　"呵呵，别客气，我哪能跟你们公司的专业人士相提并论。"

　　两个人坐下来，又谈了很久。等原一平离开山木的办公室时，这位经理毫不犹豫地投了 100 万日元的人寿保险，紧接着副经理也向原一平投了 100 万日元的保险，财务秘书也投了 25 万日元的保险。

　　这仅仅是第一次的保险金额，接下来的十年当中，他们的保险金额总共高达 750 万日元。原一平和山木先生的友谊也越来越深，成为一对非常默契的伙伴。

　　产品差异日益减小的今天，要赢得客户的心谈何容易，千万不要忽视客户的信息，要珍惜与客户的互相信任的关系。因此，在推销的千军万马中，打造诚信，是销售员的心声，更是销售职业的迫切要求。

　　人类在生存当中有很多策略，遵守承诺就是很重要的一个。亚当·斯密认为，人性结构中有一种自发的道德准则，它表现在个体要求上为自爱、同情、正义、自律等，在市场经济活动中表现为诚实守信、公平竞争、平等交易。无论对人对己，皆讲求因果，讲求诚信，讲求问心无愧。

　　销售员更不要浮夸产品，只追求利益的最大化的销售员是不会成功的，只追求利益的企业也是不会长久的。

遵守言行一致的原则

在神经语言学中，步调一致的意思是与别人保持一致，即通过别人的行为来调整自己，这样别人看到的是他们自己的影子。与对方保持一致能够创造亲密感，创造和谐的关系。当人们置身于和谐宽松的人际环境中时，就会比较宽容，容易接受别人的观点。

面对心烦意乱的客户时，可以表示对对方很关心。与这种客户沟通也不难，只需三言两语就行。例如，"先生，您看上去有心事。我能帮您什么忙吗？"这样的说法就能恰到好处地表达你对对方的关心。

有些公司规定了一套固定的程序，要求销售员留存客户的姓名、地址、电话号码等。但遇到正处于愤怒中的客户时，等他们消消气后再问也不迟，否则会增强他们的抵触情绪。要安抚这些正在气头上的客户，就得针对其问题迅速做出答复，可以向他征求意见，比如，客户需要什么样的答复才会觉得满意。

有时候销售员必须同时迎合好几位客户。假如有好多人排队等着服务，谁都希望赶快轮到自己，这时说话就应当注意了，不要只顾着和站在面前的人讲话，而冷落了其他的客户。可以抬起头对队伍里所有的人说话，全面照顾到每个人的情绪。还可以辅以眼神的交流，迅速的眼神接触其实是告诉客户："我知道你们在那里等待，我正在努力，以便尽快为你们提供帮助。"

如果能与客户在和谐地沟通交流中完成自己的工作，相信大家会从此成为好伙伴。

经验告诉我们，如果能恰如其分地遣词造句和见机行事，就可以跟任何人谈任何事情。在与处于愤怒中的客户打交道时，这一点尤为重要。

让我们来观察一下航空公司的空中服务人员。我们很少看到他们对乘客发号施令，而是常常和颜悦色地说："我需要……"或"我们需要……"然后才委婉地说出他们想做什么，他们的言行无疑是很得体的。

乘客憋在狭小的空间里心情本来就很烦躁，他们可不想激怒乘客。空中乘务员对乘客说："如果您愿意坐在位子上等候……"等，这种客气话乘客听了感觉非常好，他们会很合作，决不会作对。

当客户的所作所为让销售员感到焦头烂额的时候，销售员往往会忍不住想滥用一下手中的小权力，给客户一点颜色看看。毕竟，客户想要的东西掌握在员工手里，至少目前还是这样。但要一定记住，客户身上也有我们想要的——客户的长期惠顾。我们听过很多销售员硬邦邦地扔给客户一句："是你错了。"姑且不论谁对谁错，即使真是客户的错，也不该这么说，因为这样会让他丢了面子。

例如以下这些欠妥的话也会让客户躲得远远的：

自作聪明地企图猜测客户的心理："你并不是真的想要那个颜色（尺寸或款式），对吧？"

编理由说服客户："你大概忘记插电源了。"

跟客户耍花招，企图以"那有什么"来搪塞客户："告诉你，上次有个客人也……也没见他像你这样……"

指责客户："你早就应该知道……"

威胁客户："要是你不……的话，你的问题会越闹越大。"

也不要轻易对客户说"不"，客户可不买账。"不，我们今天没办法给你做。"这话会让客户觉得你在拒绝他。"我们可以在明天为您办理这事。"这就好多了。"不，绝对不可能。"这话说得太绝对了，不给客户一点余地，也就是不给自己余地。不如说："让我想想，有没有办法做到。"说话总要留余地，这样说听起来感觉就好多了。

要消除愤怒的客户的敌意，就得设法让他们对你产生好感，愿意合作。伙伴关系能使客户的不满得到平息。这里的困难指的是妨碍客户满意的任何事物。

要想与客户建立伙伴关系，关键还是在"你一言我一语"的学问中，举例说明如下：

"让我们好好想想，我们该怎么做才能共同解决……"

"我理解您的心情，但我很乐意与您共同努力来解决这个问题……"

"这样吧，我们会为您……"

"如果您这样做……那我也这样做……"

除了使用贴切的字眼之外，还要注意各种有助于和客户建立伙伴关系的行为，其中包括：

调查："让我们来弄清事情到底是怎么回事。"

建议："我们最好这么做。"

向客户询问或倾听他们的意见："来吧，跟我说说事情究竟是怎么发生的，我也很想知道。"

分析："别着急，我们可以一步一步慢慢来。"

确认："我这样理解对吗？您看我想的是不是完全正确？"

要想建立伙伴关系，就不能把客户推给别人撒手不管，除非确有必要。如果必须找别人来解决这个问题，就一定要向客户保证，自己回头会再来确认他是否对问题的处理情况感到满意。客户最怕被人推来推去，因为这样每次他都得把事情经过讲一遍。大多数人都不止一次有过这种经历。最好在离开前告诉客户自己叫什么名字，让他们知道自己并不是想逃避他。

始终不能乱讲的话

病从嘴入，祸从口出。日本著名的推销专家认为：销售员在很大程度上是靠嘴吃饭的，可称之为"口力劳动者"。但是，如若他们不能管好、用好自己的口，其前途绝对是一片黑暗。那么，销售员要如何才能避免祸从口出呢，哪些类型的语言会使自己的饭碗丢失呢？

第一类——污言碎语型。一个专业的销售员，为了与人相处融洽，通常应学会接受别人和自己的不同，为此也需要容忍别人的不良习惯，比如习惯性的污言碎语。但是销售员本身决不能使用污言碎语，特别是在推销时尤为注意这一点。

一位推销大师在向一位屠夫推销保险时就曾遇到过客户满口污言碎语的情况。

"您好，最近生意怎么样？"

"要你管，闪一边去，别阻碍我做生意。"

"呵呵，看来生意不错。除了做生意之外，您还想要其他的保障吗？"

"老子只想好好的卖肉不想干别的，哪凉快闪哪去。"

销售员压住心中的怒火说："向您每天在集市上早出晚归的，应该给自己以后的生活制定一个良好的保障，在想休息的时候可以有一份养老保障。"

此时出言不逊的屠夫听后也觉得有道理，认为是应该为自己以后的生活设定一个规划了，以免一辈子奔波劳碌。

之后，他趾高气扬地说："你在一边等会，忙完后再跟你详谈。"就这样这位销售员找到了一位准客户。

在专业的推销界中有一条简单的规则可循：决不能口出脏话。这个规则没有例外，虽然客户用字粗俗，但那并不表示你必须要同唱此调或是模仿他的污言碎语，更不是"到什么山唱什么歌，见什么人说什么话"。

第二类，滔滔不绝型。此类销售员不论在哪里都能听到其喋喋不休的大嗓门。他们认为一直不停地说话，可以借此来说服客户，使生意得以成交。但是他们却忘了客户是否能够容忍。

大部分人认为，此类型的销售员是受了自我膨胀侯群的影响。他们总是活在自我思维模式的世界里，并且认为自己才是最棒的。这种活在自我世界里的人很少与旁人沟通，其认为自己通晓一切。这种自我膨胀常常会给自己添麻烦，也因此常和别人争得面红耳赤，或嫉妒别人的成就，或看轻其他人。他们毫不在乎别人的感受。

有一次，一位年轻的销售员向前辈请教该如何与客户沟通。那位前辈笑着说："你平常都是怎样跟客户谈话的？"

"一般与客户见面后向其介绍产品的特点、好处，反正就是用各种方法说服他，可结果却适得其反。"

"呵呵，在与客户交谈时，有时沉默也可获得万桶金啊。时不时地听听客户的想法，倾听他们的心声，比你说上一万句都管用。"

这位青年恍然大悟。

作为专业的销售员必须了解的一件事，就是我们并不是靠口若悬河才使生意成交的。我们之所以能成功地完成交易，是因为我们深谙沟通的技巧和询问的艺术。

为此，在与客户交流时，要放慢语速和降低说话的音量，采取一个较低的姿态，并且以问答的方式来延续和客户之间的谈话。我们应该学习何时闭上嘴，必要时不妨沉默，因为"沉默是金"。

第三类——措辞不当型。全世界专业的演讲者都深信，语言有着极大的力量，因为它能在听众的脑海中形成一幅图画。作为一名销售员，要认识到语言所产生的力量。你不断地犯同一个错误，你的收获自然也变得有限。

销售员在与客户交谈时所使用的语言不当，不但没有太多的价值，甚至会对整个推销过程产生危害。销售员要擅长用语言来展现客户想要的结果，以及用语言来引导客户给一个正确的或负面的答案。为此，应该小心地使用语言来帮助你推销产品服务或是理念。

第四类——喜好争辩型。一个经验丰富的销售员是不会和他的客户或是潜在客户争论的。如果销售员在推销的过程中和可能购买自己产品的客户发生争论，那么这种行为绝对犯了大错。也有一些客户蛮不讲理，给你的推销工作带来极大的麻烦。但此时除了争论之外，还有其他的方式可以解决彼此之间的分歧。总而言之，绝对不能和你的客户争论。

要记住，即使一件小事都可能令购买产品的客户不悦，而你又必须费很大的工夫才能使他感到满意。当他想要购买你的产品时，基本上他是很敏感的，身为推销人员的你，切忌不要冒犯你的客户。

当你感觉客户变得很敏感时，你要小心地应对他的情绪。当你询问客户问题或陈述一件事情时，态度要柔和谦卑。在你推销自己的产品时，不妨运用下面这些话来缓和当时的气氛。如：先生，我这么说绝不是要冒犯您；先生，我懂您的感受；先生，谢谢您指出我们产品的缺点等。

记住千万不要和客户争辩，因为那是不划算的。即使你赢得了客户，他也会拂袖而去。这时又是谁输谁赢呢？

第五类，画蛇添足型。一旦客户要决定购买某项产品时，他会签好一切必要文件，也会付清货款或订金，这时他会觉得自己和销售员之间的关系更为密切了。此时，他不想再扮演聆听者的角色了，他希望自己也能说些话，这时候销售员就不要只顾一而再再而三地重复强调产品的特性，而是多给客户表达的时间。

有一句成语是这么说的："语多必失"。这句话是智慧的箴言。你不妨回想一下，以前你因为过多言语而使自己惹上过麻烦吗？那又何苦呢？在生意成交之后，你最好只对客户说："某先生，在我离开之前您还有什么问题吗？"

如果你的客户有问题，你就仔细聆听。如果他没有任何的问题了，你就礼貌地谢谢他之后离开。

打心底尊重自己的职业

销售员要想得到客户的认可，首先要认同自己所从事的职业，并且从心底对这种职业充满自豪感。当客户看到你认同并且对这种职业引以为荣时，他们才会放心地和你打交道。

这一点，一些新手销售员常常不明白。他们不是自卑就是随便应付。有些销售员看不起推销，因此一再地叮咛家人："千万别告诉邻居说我在做推销。"当熟人问起他们在哪儿高就时，他们会支支吾吾，指着那些漂亮的写字楼，让对方以为他是坐办公室的白领。还有些销售员把推销工作看成是过渡阶段，在接触客户时不是心神不安就是心不在焉。

还有一些应聘者，当人们问他"你是喜欢从事推销还是其他岗位"时，他们也会这样回答"随便"。这种敷衍的态度也是不尊重职业的表现。

美国前总统罗斯福的夫人在年轻时从本宁顿学院毕业后，想在电讯业找一份工作，她的父亲就介绍她去拜访当时美国无线电公司的董事长萨尔洛夫将军。

萨尔洛夫将军非常热情地接待了她，随后问道："你想在这里干哪份工作呢？"

"随便。"她答道。

"我们这里没有叫'随便'的工作"，将军非常严肃地说道。

罗斯福夫人当时是认为干什么都可以，所以脱口而出"随便"。可是在将军看来，这种随便的态度就是目标不明确的表现，也是对职业的不尊重的表现。

不尊重自己的工作的销售员是永远难以成功的。因为他们没有从心底真正认识到推销工作的重要性，因而更谈不上尊重这个职业，专注、兢兢业业地对待这个工作。当然无法得到客户的认同。客户的心中在想，这样的员工说不定哪一天跳槽，一旦成交后发生了问题或者需要进一步服务，我找谁去？这种一锤子生意还是不做为好。

为什么以上这些销售员会轻视推销工作呢？因为一般人往往认为推销工作就是求人，低三下四，因此，在与顾客打交道时对从事的职业充满鄙夷，不是敷衍了事就是对客户低声下气，试图采取贿赂和私下交易的手段来完成任务。另外，有些人认为推销不是什么高科技，谁都会做，因而也会看轻销售员的素质和能力。由于轻视推销工作，必然会导致销售员陷入自卑的境地，这样也不会得到客户的认同和相信。

客户会想连自己的职业都看不起的员工怎么能把工作做好。至于靠私下交易的手段来完成任务，客户更会产生怀疑：如果我没有接受他的价格返利，他给我的价格是否就和其他客户不一样？客户一旦产生这样的想法，也就无法深交了。

的确，从表面上看，推销就是带着某种商品，寻找某一客户，向客户说明商品，请他买下来。而且推销还不需本钱，一个没有什么背景和资金的人都可以做。可是，推销绝不是一项谁都会做、谁都能做好的工作。首先是因为推销综合了市场学、心理学、口才学、表演学等各种知识，销售员需掌握各种知识。另外，推销是一种艺术，并不是所有掌握以上知识的人都可以成为合格的销售员。因为推销是与人打交道，而不是和冷冰冰的机器打交道，因此就需要掌握和人交往的艺术。再次，销售员要肯于吃苦，只有使用双手、头脑、心灵再加上双腿的才是销售员。

既然推销工作如此复杂，怎能看不起它呢？

更不用说，每一个人都需要推销。乔·吉拉德曾经说过，"如果我们不把货物从货架上和仓库里面运出来，整个社会体系的钟就要停摆了。"一个普通的销售员可为工厂的 30 位员工提供稳定的工作机会。这样的工作，怎么能说不是重要的呢？

因此，身为一名销售员应该以职业为荣，因为它是一份值得别人尊敬及会使人有成就感的职业，因为销售员推动了整个世界。原一平就认为自己从事的职业是受人尊重的职业，他认为保险销售员不是把产品或服务强加给别人，而是帮助顾客解决后顾之忧的，因此十分值得尊重。

正是因为他尊重自己的职业，因此不但焕发出无比的工作热情，而且也不容许他人对自己的工作有任何一点不尊重的表现。

曾经，在保险行业，人们都知道原一平是个敢于顶撞社长的小个子。原一平之所以顶撞社长就是因为他尊重自己的职业，不容许任何人有丝毫的蔑视和贬低。

原一平做销售员时，想拜访三菱财阀的关键人物。当时，原一平所在的明治保险是三菱的一个子公司。原一平了解到三菱企业的最高负责人是串田万藏，他既是三菱银行的社长，也是明治保险的社长，于是想"高攀"他。可是，要见到他简直比登天还难。因此，原一平通过找明治保险的常务董事阿部章藏，让他写一封介绍信，自己再去拜访。

一天早上，原一平被带到三菱总部的会客室。大概因为太过劳累，等了两个多小时的原一平竟然在会客室柔软的沙发上睡着了。

当串田万藏回到自己的办公室时，发现一个陌生人在睡觉，问了一句"你有何贵干呀？"原一平突然惊醒，他介绍说："我是明治保险的原一平。我想请您写一封保险介绍信。"

董事长一听，简直莫名其妙，一个下属公司普通员工竟然要自己写一封保险介绍信，脱口而出："什么？你竟然要我写一封介绍信，推荐你们那种玩意儿？"

原一平一听，自己视为至高无上的工作却被人随随便便地贬低，情绪很冲动。他跨前一步激动地说："你说什么？公司叫我们要视'保险为一项正常的职业'，您身为公司的社长，却说'你们那种玩意儿'，这像话吗？我要回公司，把这件事让全国老百姓知道。"原一平大声说了几句话之后，调头就走。

就这样，原一平"大闹社长"的事很快就传开了。

社长很快就给明治保险的阿部经理打了个电话："今天我这里来了一个狠角色。没想到我们公司居然有这么一个有骨气的员工，哈哈！不过，这小子的话确实有道理。我们身为明治的董事，应该以身作则，积极推动保险的业务才对。"

当天，公司紧急召开董事会议，会议中决定，将三菱企业的员工退职金全部转移到明治人寿保险公司。

就这样原一平凭着自己对职业尊重的态度，不仅赢得了社长的好感，而且在社长的帮助下，客户拓展顺风顺水，马上就跨入了一个新的台阶。

由此可见，尊重自己的职业不仅能得到领导的高度评价，也能得到客户的认可。因此，那些轻视推销的人应该改变自己的看法。既然工作岗位是自己选择的，更应该做到尊重和热爱自己的职业。客户看到你热爱工作、尊重自己的职业，才会放心地把业务托付于你。

为客户负责也就是为自己负责。不知不觉中你就会发现，自己的工作业绩也会得到很大提高。因此，不论走上哪个工作岗位都要干一行，爱一行。

打心底尊重自己的客户

尊重是人与人交往的重要条件之一，销售员在与陌生的客户交往时，更需要用对尊重换来客户对自己的认可和相信。

可是，在人们传统的印象中，总是对销售员戒备心比较强，因为他们的目的就是为了让客户从口袋中掏钱，因此，即便他们说得天花乱坠，客户也不会认可他们。那么，怎样才能打破人们对销售员的不信任感，拉近彼此的距离，搭建起一座畅通无阻的沟通桥梁呢？

归结为两个字：尊重。

销售员陆优有一天去烟酒店拜访。由于已成为准客户，陆优有些松懈，把原来头上端端正正的帽子戴歪了。当他一边说晚安，一边拉开玻璃门时，烟酒店的小老板一见他这副打扮，就生气地大叫起来："喂，你这是什么态度，你懂不懂得礼貌，歪戴着帽子跟我讲话，你这个大混蛋。我是信任明治保险，也信任你，所以才投了保，谁知我所信赖公司的员工，竟然这么随便，无礼。"

陆优没想到自己疏忽的一个小细节居然影响到客户的态度，改变了他对公司的看法，因此双腿一屈，立刻跪在地上。"唉！我实在惭愧极了，因为你已经投保，把你当成自己人，所以太任性随便了，请你原谅我。"陆优继续道歉说，"我的态度实在太鲁莽了，不过我绝没有轻视你的意思。我是带着请教的态度来的，请你原谅我好吗？"

小老板听到这里，想到陆优以前的表现，才原谅了他。

此后，陆优明白了这个道理，因此在他拜访客户时，总是把尊重客户放在第一位，不论从自己的形象上还是从自己的言谈上。

由此可见，尊重客户是多么重要。

为什么尊重客户会对自己的推销工作起到如此好的影响效果呢？

从心理学的角度分析，每个人心中都有某种强烈渴求被认同的愿望，特别是那些敏感、自卑的客户更是如此。更何况，客户是企业利润的来源。也可以说，是客户给了我们工作的岗位。何况他们对我们、对公司都寄予了厚望。我们怎能不尊重他们，认真负责地为他们好好工作呢？因此，无论何时何地，对待什么样的客户，都应该一视同仁，要不管他们长什么样子，不管他们的脾气行为有多么古怪，不管他们的信仰与我们有多么大的区别，不管他们是大老板还是普通百姓，都要一视同仁地接纳他们、尊重他们。

只有尊重客户，才能得到他们的支持，我们的事业才会发展顺利。在这方面，每一位曾经取得事业成功的人都懂得这个道理。

1860年，林肯作为美国共和党候选人参加总统竞选，来自乡间的林肯经济状况并不富裕。可是他的对手却是个大富翁。

为了获得竞选的胜利，大富翁租用了一辆豪华富丽的竞选列车，车后安放了一尊大炮，每到一站，就鸣炮30响，还有乐队奏乐。声势之大，史无前例。大富翁得意扬扬地说："我要让林肯这个乡巴佬闻闻我的贵族气味。"

林肯面对此情此景，一点也不惧怕，他登上朋友们为他准备的耕田用的马车，每到一站就发表这样的演说：

"我本人既穷又瘦，脸蛋很长，不会发福。我全部的财产也就是一个妻子和三个儿子。此外，还租有一个办公室，一张办公桌、三把椅子，墙角还有一个大书架。我实在没有什么可以依靠的，可是，我唯一可依靠的就是你们。你们是我的无价之宝。"

结果，在物质上近乎一无所有的林肯击败了那个不可一世的大富翁。

林肯获胜的秘诀是什么——尊重选民，给予他们至高无上的地位。因此才获得了他们的好感和信任。

从政需要群众拥护，经商需要客户拥护。要让他们拥护首先就需要尊重他们，时刻把他们放在第一位。

在平时和客户的交往中，尊重客户也表现在具体的细节方面。比如：在拜访客户时，要注意自己的位置座次。

（1）有两个扶手的沙发是上座，长沙发是下座。销售员要把有两个扶手的座位让给顾客，自己选长沙发坐下。

（2）在房间里，面对大门的是上座，而接近门口处的位置是下座。自己要坐在接近门口的位置。

（3）如果在饭馆等一些公共场所与顾客谈生意，靠墙壁的一方应该是上座，靠过道的一方是下座。自己应坐在靠过道的一方。

（4）如果与顾客同乘火车，要注意把面对前进方向的座位让给顾客，自己则坐在背对前方的下座。

这些上下座的区分是一种"礼节"上的习惯。把方便舒适让给对方，就表示对对方的尊重。另外，尊重客户还包括尊重客户的家人以及他们工作的企业。这样才是全方位真正尊重客户的表现。

如果你遵守了以上这些礼节，就表示出你对顾客的尊重和谦让之心，客人必定"礼尚往来"，在谈生意时就会首先想到你。

做好被拒前的应对

销售员在拜访客户时，想要避开反对与拒绝，创造有利的情势，就必须在客户未反对与拒绝前加以预测，设法减轻其发生后的负面影响。当拒绝产生后，销售员要分析其动机，然后加以处理。

如果能在事前将客户反对与拒绝的借口处理好，将大大节省推销的时间。为此，优秀的销售员都会重视拜访推销前的准备阶段。那么，如何才能在事前将反对与拒绝解除呢？

1. 营造和谐融洽的气氛

多数企业在选择销售员时注重的是"人品"。作为一名合格的销售员，他的诚实和热忱会感染客户，因此，通常会创造一种和谐融洽的气氛。这就避免了反对与拒绝的发生，培养了一种"肯定性的气氛"，将客户笼罩起来。这也就是我们常说的："以服务的精神从事推销"。

2. 进行合理恰当的预测

对于每一个销售员，在长期推销某一产品时或多或少都积累了一定的经验。在拜访客户时，大致上都能揣测出客户在哪些方面有可能会做出反对与拒绝的决策。在解决这些问题的方法上，需要销售员有丰富的知识积累。如对产品的认识、对准客户情形的了解、对竞争公司实际情况的了解等。只有恰当地运用这些知识，才能适应客户的心理状况。

3. 认识产品弱点，先发制人

任何一种产品都不会是十全十美的。例如与竞争公司的同类产品比起来，或在价格方面或在商标知名度方面，或在有关性能方面，可能会存在一些不足。假如你为了不让客户发现你的弱点，而努力强调各种优点的话，一旦对方发现你的缺点时，就可能会招致更强烈的拒绝。

销售员必须以先发制人的方式，坦诚地说明弱点，把弱点变成推销上的一股力量，以回避对方的反对与拒绝。比如，若是产品弱点在价钱方面，我们就可以说"也许你会觉得这个价钱稍为贵一点。"这就是先发制人。然后你就可以接着说，产品特性如何，优势在哪里，买这款产品更合算等。如此强调，缺点往往会变成解释优点的最好材料。所以，对于产品的弱点，应以先发制人的方式声明清楚。

综上所述，读者务必注意，做好应对反对与拒绝的准备，在一定程度上，可以防止发生反对与拒绝。

人格也是值得信任的筹码

人格魅力是一个人人品、能力、情感的综合体现。在人与人的交往中，一个人之所以被其他人接受、认同和青睐，通常是由于其在行事过程中所透露出的真实的人品值得佩服。这就是他们独特的人格魅力。对此，美国电报电话公司总经理杰弗德认为"人格"是事业成功的最重要的因素之一。

一般来说，具有魅力的人格特征通常都具备以下这些共性：

他们往往待人真诚、热情、友善、富有同情心。他们在生活和工作当中，通常还会表现出勤奋进取的态度。在自我情绪的把控方面，他们始终能够保持乐观开朗、振奋豁达的心境，始终能令和他们交往的人感到愉快放松。在意志和决断方面，他们目标明确、行为自觉、坚韧不拔、积极主动，因此，会受到人们的信任与尊敬。

在销售工作中也是如此，很多时候决定生意成败的不是产品，而是人格魅力这个生意之外的销售"筹码"。拥有真实人格的人，没有半点做作的成分；而人格虚假的人，一时看起来应对自如，游刃有余，但是虚假的一面迟早会表现出来。这样人们与之交往就没有踏实的感觉，更谈不上信任。

比如，如果销售员对自己的产品不是100%有信心，就会不由自主地用谎言来欺骗顾客赢得业绩，会故意隐瞒产品的一些问题，这样做就会进一步影响自己做人的品质。还有些销售员喜欢哗众取宠，他们总喜欢大包大揽地对客户说"日后有问题，我一定负责回收！"结果却没有实现。这些不负责任的做法也会给自己的人品大打折扣，影响客户对自己的可信度，因而，常常会失去不该失去的生意。

与之相反，那些人品、人格令人佩服的人，客户对他们所产生的认同感，是其他任何品质过硬的商品以及优惠的价格都难以替换的。

一天，阿部总经理带原一平去会见日本有名的教育家和作家小泉信三先生。小泉信三当时是一所大学的校长，他与阿部总经理交情颇深。

阿部总经理对小泉信三先生这样介绍原一平说："这是我的同事原一平。他人小鬼大，以后必定是大人物呢。今天我特地来拜访你，请你把最知己的朋友介绍给他。"

小泉信三先生回答："既然阿部先生这么说，我应该答应才是，可是你可知道大矶凶杀案中，凶手正是带着大学校长的介绍信去见被害人的。从那之后，我再也不敢写介绍信了。"

见到小泉信三先生有些疑虑，阿部经理当场打包票说："别人我不敢保证，但原一平我以人格担保，所以请你务必帮忙。"就这样，在阿部经理理直气壮的担保下，小泉信三先生帮助原一平开了介绍信。

这就是原一平人格魅力的表现。试想，假如原一平平时没有令人信服的人格、人品，阿部经理怎么会带他引荐小泉信三这样的人物？更不用说为他打包票。

的确，如果说印象是有意识的外部展现，而人格特征却如同烙印是无法抹去也无法伪装的。正是因为人格是一个人品质的自然流露，因此客户们才会以此为标准衡量销售员是否值得信任。因此，想要成为一名优秀的销售人员，在人格魅力方面的提升与自我修炼必不可少。

如果每个销售员都具备了像原一平这样优良的品质特征，就会引起其他人的注意，使他人觉得喜悦，从而愿意与之交往。

第四章　你就是要为客户着想

站在销售员的角度而言，是客户创造了市场，因为一个企业的产品只有迎合了客户的需求，才能符合市场的需求。从这个道理上讲，客户就是你的上帝。

要想客户把一掷千金的劲头用在你身上，你就要想方设法地为客户着想，把客户当上帝一样对待。当然，要伺候好上帝，就要先明白上帝的想法——不仅你认为客户是上帝，就连客户也认为自己是上帝。销售员尽可能利用这一心理，巧妙地促使客户购买自己的产品。

介绍产品即真心又贴心

通常情况下，销售员在与客户谈生意时，认为服务只不过是对其"笑脸相迎、笑脸相送"，或是实行什么优质的"三包"等。其实不然，销售员在为客户服务时，要急顾客之所急，想顾客之所想，介绍产品时真心又贴心，这样才能长久的成功。

有一位销售员去拜访一家客户，正逢天空乌云密布，眼看暴风雨就要来临。他突然发现客户的邻居有床棉被晒在外面，女主人却忘了出来收。他便大声呼唤："要下雨啦，快把棉被收起来呀！"他这一句话对这家女主人无疑是一次至上的服务。因为棉被淋湿确是件糟糕透顶的事。这位女主人非常感激他，他要拜访的客户也因此而十分热情地接待了他。

周到"服务"是很值得销售员学习的。自我推销服务的秘诀可归结为三点：

一、关注对方的切身利益。销售员在推销之前要了解顾客有什么困难需要解决，了解了顾客之"急"，然后才能"应急"。

二、把握顾客的目的所在。你要注意顾客的反应。如果你是汽车销售员，顾客的谈话一直集中在车的外形美观问题上，你就不必多说车的性能如何了。

三、掌握对方的喜好。如果你向一位打扮入时、花枝招展的少妇推销电磁灶，你便可以这么说："电磁灶没有油烟，自动烹饪，非常有益美容。"

做一个合格的导购

人人都有莫名其妙情绪不佳的时候，特别是在与陌生人谈生意的时候，最容易引爆负面情绪。这不但会让你的心情变得越来越糟，还会影响工作的进展。

如今，要成为一名合格的商场导购，最重要的不是口才，而是有没有随时调节好心态的能力。如果不能及时控制自己的情绪，便会失去理智的思考，这对于推销工作不利，更有甚者会影响日常的生活。

大部分销售员都知道这样一个故事：两个欧洲人到非洲去推销皮鞋。由于炎热，非洲人向来都是赤脚。第一个销售员看到非洲人都赤脚，立刻失望起来："这些人都赤脚，怎么会要我的鞋呢？"于是放弃努力，失败沮丧而回。另一个销售员看到非洲人都赤脚，惊喜万分："这些人都没有皮鞋穿，这皮鞋市场大得很呢。"于是想方设法，引导非洲人购买皮鞋，最后成功而回。

一名合格的销售员切不可让自己情绪激动，不能任意宣泄自己的不满，必须学会管理自己的情绪，时时保持乐观而稳定的情绪，树立自己良好的形象。

那么如何控制情绪呢？以下是从心理学的角度出发，归纳出的几种控制情绪的方法。

第一种，自我激励法。自我激励法是理智控制不良情绪的良好方法。恰当运用自我激励，可以给人精神动力。当一个人在面对困难或身处逆境时，自我激励能使你从困难和逆境造成的不良情绪中振作起来。"失败是成功之母"是大家都熟知的一句名言，但是在失败后一味消沉，不采取自我激励的方法振作精神，那么失败只能永远是失败，而不会成为成功之母。

第二种，集中情感法。当你面对某件特别重要的事情时，要有意识地排除许多分心的事情，把全部情感倾注在这件事情上。著名推销大王原一平为自己制定了"情绪控制法"。他认为，一星期最少减少一次浪费情感的同事间交际，喝酒、闲聊不但毫无意义，且会错失推销良机。要利用你所有的精力和时间来创造机会，寻找更多的客户，减少浪费情感的活动。

第三种，心理换位法。所谓心理换位，就是与他人互换位置角色，即俗话所说的将心比心，站在对方的角度思考、分析问题。这也是消除不良情绪的有效方法。通过心理换位，来体会别人的情绪和思想。这样就有利于消除和防止不良情绪。如当受到批评时，自己心里有气，这时要设身处地想一想，假如我是对方，遇到此类情况会怎样呢？这样，往往就能理解对方对自己的态度，从而使心情平静下来。

不要说到做不到

对客户做承诺前一定要细细斟酌，因为说到容易做到难。事实往往就是这样让人泄气，再多的理由也掩盖不了失信于人的错误。对于客户来说，推销者的信誉大打折扣，对于推销者来说，不仅是损失了客户，也是品德的缺失。接下来，我们分析一下哪些心理会导致缺乏说到做到的责任感。

第一类，轻言放弃型。有的销售员在遇到难缠的客户时，便说："我不干了，可以吗？"。在事情进展不顺利时，我们也常听到人们用这样的话来打退堂鼓。"难道推销就是这样的事情吗？以后再也不干了。"

有这种想法的人就错了，其实这跟推销本身毫无关系。这无非是那些想轻言放弃的人们惯用的说辞罢了。请记住在你未用尽全身力气时，千万不要轻言放弃。甚至当你认为自己已经尽了全力的时候，不妨再试一试。

推销大师原一平初涉保险推销行业时，无家可归，每天睡在公园的长椅上，早上跑步上班。即便是这样艰难的环境他也没有放弃，因为他坚信自己一定会成功。

每一个销售员都有自己的梦想，但是不论梦想大小，都需要时间才能实现。有些人花了5年、10年、15年或20年的时间才实现了他们的梦想，但是有人却要花上一辈子的时间来圆梦。你的梦想是什么？不论你拥有什么样的梦想，一定会遇到挑战，碰到阻拦和困难。最重要的一点就是千万不要轻言放弃。

第二类，负面心态型。有的销售员抱怨说："你知道吗，并不是我做得不好，实在是市场不景气啊。"或者说："我们的经理对推销一窍不通，他只会给别人压力而已。"

销售员之所以有这样的负面心态完全是因为他有强烈的不满。这一切也正是因为他了解不到与这个世界的相处之道——他必须先检测自己，而且最重要的是他必须怀着正面的态度。

心态是由你放入脑中的想法所决定和控制的。有一句众所周知的谚语："你之所以是你和你之所以在此，均是因为你内心的想法之缘故。"因此，如果你想改变自己或换个环境，你必须先改变自己的想法。

当你有负面心态时，所表现出的行为多半是负面和消极的。如果你真想将推销工作当作你的事业，首先必须拥有正面的心态。为此，不要再用"我办不到"这句话作为你的借口，而要开始付诸行动，告诉自己"我办得到"。

第三类，预设立场型。在推销界最常见的一个错误就是销售员为了要使自己看起来很专业而硬把错的话说成对的，并且让别人背黑锅。这种预设立场的行为是失败者惯用的伎俩。他就像一面看不见的墙，阻碍了你通向成功的道路。

也经常有销售员四处抱怨这些事情：公司的产品有瑕疵、服务部门工作不尽力等。公司或许会根据这些批评来做修正。但实际上，这个销售员所做的是弊多利少的事情。在这个过程当中，他为他自己、产品及公司所营造出了负面的形象，这是一种不专业的表现。此外，他的行为对公司其他人也不公平。

一个具有专业知识的销售员应该会尽力地维护他的公司、老板、上司，以及他与这笔生意有关的人的形象。当一个销售员只想努力维护自己时，他就会伤害别人。

一位客户抱怨一家保险公司的售后服务比较差。如果销售员并没有设法弄清楚原因作出解释并且向客户道歉，而是当着客户的面大力抨击公司的服务或是领导："真不知道他们除了吃饭还会做什么。"也许这样做会解了他的一时之气，但你其实是在扇自己的耳光，因为自己也是公司的一员。

为此，销售员在面对此种情况时，记住不要忘了"对不起"这三个字。这三个字会为你制造奇迹。无论在任何困难的情况下，你都可以把这三个字挂在嘴边，因为他们对于听到这三个字的人的意义重大。

"对不起，我相信对于这个有缺陷的产品，公司方面一定会给您一个满意的答复。我会向公司报告这件事，然后再回复您。这位先生，我再一次代表公司向您致以我们最深的歉意。"这些话对一个客户而言是最有意义的。

要不厌其烦，不要答非所问

如果顾客是个爱挑毛病的人，总有许多没有用的或者重复的问题，你能以一种心平气和的态度，一个一个地耐心回答吗？

答案是很难能。

性子太急、永远匆匆忙忙、慌慌张张，都是缺乏耐性的表现。一位销售员因为本身缺乏耐性会错失许多买卖。

当我们开始在生活中筑梦时，千万不要因为事情并不如自己预期的顺利而表现出没有耐性。

我们要锻炼自己的耐性，可以选择某一天中的某一个时间尽力去做你必须做的工作。尽你的全力去做最好的尝试，千万不要让急于求成毁了你多年来的努力。当你感觉到对方开始有些不耐烦时，不妨闭目几秒，在心里对自己说："急躁会坏事哟！"

当你和客户的意见出现分歧时，你如何处理这种情况，可能成为你是否能成功地成交这笔生意时最重要的原因。如果你能小心又有效地处理客户的疑问，你就很可能会赢得他的心。然而有许多销售员会在客户提出疑问后和客户争得面红耳赤，那就得不偿失了。

坦白说，争论出对错又有什么用呢？重要的是你该心平气和地和客户谈生意而不是硬要争个输赢不可。况且，在推销这一行也没有人会因为打赢了一场舌战而得到奖金。最有可能的情况是，你的客户因为这个缘故，而决定不买你的产品了，这一点前面已经说过了，就不再论述。

面对许多的疑问，销售员常犯的另一个错误是，当他遇到难题或是客户强烈质疑他的产品质量时，他反而避重就轻地改谈其他的事。有许多销售员在面临客户质疑有关价钱方面的问题时，会转换话题去谈一些其他事。

他们会将话题转到现在正在放映的电影或是报纸的新闻话题上去。他们擅长很快地改变话题，他们希望客户会忘了他曾经提到过关于价钱的事。但事情的发展恐怕不会如他们所愿，如果客户对你所推销的产品有兴趣，他恐怕是不会忘记他曾经说过的话的。

绝对不要试着改变话题，并且假装没听到客户的要求。因为如果你的客户认为你没有听到他的问题时，他仍会再重申一下自己的问题或是对其他方面又有所质疑了。

把你的注意力集中在有效地用来处理客户质疑的那些方法上，你想避免客户的质疑是没有用处的。如果丢一个高尔夫球给你，你的任务就是将球接到。在一开始尝试的时候，你可能会想保护自己而躲开那个球，但如果再多丢几个球，你可能就会试着想去接球了。这也是大多数的推销人员在面临客户的质疑和问题时可能会有的反应。所以你不要老是回避客户的质疑，而是要勇敢地去面对。

试着去把客户的质疑变成有利于你的条件，在接下来的几年中这些将会是对你最有帮助的技巧。

让顾客自己做决定

销售员在推销产品的过程中，不要将任何意愿强加给客户，而是让他们自己做出决定，帮助客户把钱能花在刀刃上。销售员千万不能勉强客户购买你的产品，如果将这点忽视，而用软硬兼施的方法勉强客户购买的话，你很可能会失去这位客户。更糟糕的是，他还会向他所有的朋友宣传你的态度，这是得不偿失的行为。

推销的最终目的就是说服客户购买产品，但如果客户感觉到你唯利是图，丝毫不考虑他们的感受，那么也没有办法达成销售目的。

小王是南方一家化妆品公司的销售员，来公司两年了，业绩却总是提不上来，他为此也很苦恼。

这天，他迎来了一位大客户。这位客户以前曾来这里购买过化妆品，一见到就小王兴致勃勃地说："告诉你，我们在西区的商场大楼，下周就要开张营业了！"

小王想，这和我有什么关系？说不准还多了一个竞争对手。因此，只是敷衍地点了一下头，面无表情地回答："嗯。"客户的满脸热情顿时化为乌有。

看到客户没说话，小王接着又追问了一下："您这次来，需要订货吗？"想不到客户的脸"唰"地变了，没等小王说完，就直截了当地回答："以后再也不订你们的货了！"

小王不明白为什么？他的眼里也充满了不屑："你们要开业了，当然用不上我们了。"

小王哪里知道，正是因为商场开业，这位客户才特意跑来要订一大批化妆品的，但是，他最先需要的是和小王一起分享商场开业的兴奋心情。可是小王只想着自己的推销任务，完全忽略了客户的心理需求。这位客户感觉他太势利了，当然也就不再订他的货。

推销大师原一平曾说过：我多次拜访过一个客户，但从来都不主动详谈保险的内容。有一次，客户问我："原先生，我们交往的时间不算短了，你也给了我很多帮助，有一点我一直不明白，你是做保险业务的，可我从来都不曾听你对我谈起保险的详细内容，这是为什么？"

"这个问题吗，暂时不会告诉你。"

"喂，你为什么吞吞吐吐不说呢？难道你对自己的保险工作也不关心吗？"

"怎么会不关心呢？我就是为了推销保险才经常来拜访你的啊。"

"既然如此，为什么你从来没有向我介绍保险的详细内容呢？"

"坦白告诉你，那是因为我不愿强人所难，我向来是让准客户自己决定什么时候投保的，从保险的宗旨和观念上讲，硬逼着别人投保也是错误的。再说，我认为保险应该由准客户感觉需要后才去投保，因此，未能使你感到迫切的需要，是我努力不够。在这种情形下，我怎么好意思开口让你买保险呢？"

"你的想法跟别人就是不一样，很特别，也很有意思。"

"所以，我对每一位准客户都会连续不断拜访，一直到准客户自己感到需要投保为止。"

"如果我现在就需要投保呢？"

"先别忙，投保前还得先体检，身体有毛病是不能投保的，身体检查通过之后，不但我有义务向你说明保险的内容，而且，你还可以询问任何有关保险的问题。所以，请您先去做体检。"

"好，我这就去做体检。"

设法使准客户对保险有正确的认识之后，就能使得他们自己决定是否需要前来投保，这才是保险销售员的正确做法。其他产品的推销亦是如此。

间接否定，客观分析

刁难的客户大家应该都碰到过。你说产品质量好，他说质量这东西用了才知道；你说价格不贵，他说还有更便宜的；你说这款产品卖得好，他会觉得你见人就这么讲。

碰到这种客户，你也不能直接反驳，毕竟客户就是上帝。更不能用一些空洞的话，比如"我们价格真不贵""质量好不好用了就知道"这样的话来应付对方，因为这样直接否定不但没有丝毫的说服力，还会引起顾客的反感。

那么，面对这样喜欢刁难、看似很有主见的客户，我们该怎么办呢？

这里教给大家一个非常简单的方法，既然直接否定不行，那我们为什么不试试间接否定呢？也就是不直接跟客户说，你错了，而是用间接的说法，让客户明白自己是不对的。

间接否定法特别适合那些看似很有主见，又很固执，总是挑三拣四的顾客。在营销中，我们可以尝试利用第三人的成功案例来间接否定顾客的观点和看法，并说服他们。

这个方法跟心理学上的逆反心理有关。如果你是销售，你说什么客户都会认为你只是为了推销产品才这么说，这种逆反心理会导致他不愿意认可你说的话。但假如你用第三人的案例来证明自己的观点，他就容易接受。就像王婆卖瓜一样，自卖自夸没人信，但如果旁边有个人说这个瓜很甜，那很多人就会相信，这瓜是真的甜。

所以，当我们遇到喜欢刁难的客户时，不妨试试利用第三人的案例来否定客户的观点，让他相信你说的话。

具体操作上，这里给大家提供两点建议。

第一，在举例时，最好要寻找同类的客户。

举例来说，你是做培训的，现在有位家长，孩子的作文成绩很差，你要说服他让孩子参加作文培训班。

这位家长不那么好对付，他始终觉得，孩子写不好作文是因为书看得少了，写作这事儿多看书就行了，上培训班没有用。

这时，你不能直接跟他说，上培训班有用，能让孩子提高作文成绩。这样说没什么意义，对方也不会认可。这时，你不妨快速在大脑中想一个具体的案例。比如，你之前也碰到过这样一个家长，认为多看书就能让孩子写好作文。可孩子看了一段时间书后作文还是一塌糊涂，送到你这里来后，不到三个月，孩子的作文成绩就突飞猛进，还拿过几次满分。

这样的案例是不是比空洞的否定对方更有说服力？虽然你没有直接否定对方，但你举出来的案例已经明确告诉对方：不，你是错的，孩子上培训班是有用的，能提高作文成绩。

寻找同类客户可以给顾客更强的代入感，所以也更具备说服力。

第二，描述一定要客观。

很多销售喜欢夸大效果，或者喜欢用非常主观的话，这都是不妥的。第三人的案例就像是证据一样，而证据必须是客观的。比如刚才我们说的那个培训案例。假如你说，有个孩子来我们这儿上了两个星期的培训班，作文成绩就总能拿满分，这样的话听起来太满了，也没什么真实性，只会起到反作用，客户会觉得你是在骗他。

所以，描述客观，才能让案例更加具备说服性。

以上两点建议是我们在使用间接否定法时需要注意的，掌握好这两点，我们就能够用第三人案例轻松说服顾客，实现快速成交。

站在客户角度，不必纠缠

对待客户，销售员如果能替他们着想，而非死缠烂打的话，马上会引起顾客的好感和注意。因为人们对与自己有关的事会特别注意、敏感，而对那些与自己无关的事情，往往不太关心。

推销的最高境界就是让顾客感觉到你是在设身处地地为他们着想，是真正能帮助他们解决问题的朋友。每个人都愿意与志趣相投的人交往。只要能在推销的过程中，更多地考虑顾客的收益，真诚地与顾客交流，不仅能赢得他的信赖，而且他还有可能成为你的义务宣传员。

也许我们遭遇过这样的场景：在餐馆里吃饭，有的服务员不管吃饭的人数多少，总是不断地向你推荐一大堆菜；而有的餐馆却会很诚实地跟你说，你们几个人点这几个菜已经够了，点多了菜吃不完的。我想，顾客愿意再度光顾的肯定是第二家餐馆。因为真诚赢得好感，只有让客户感觉到你的诚心诚意，成交的可能性才会大大增加。

原一平就是这样成为创造日本保险神话的"推销之神"的。他自始至终诚心诚意地做生意。如果他觉得对方的确需要再投保一些，就会坦白地告诉对方，并替他计划一个最适合的方案；如果没必要，他会直截了当地告诉对方，不需要再多投一分钱了。正是这种时时为客户打算、处处替客户着想的敬业精神，成就了原一平的地位。

原一平去拜访一位退役军人。军人有军人的脾气，说一不二，刚正而固执。如果没有让他信服的理由，讲再多也是白费。所以，原一平直截了当对他说："保险是必需品，人人不可缺少。"

"年轻人的确需要保险，我就不同了，不但老了，还没有子女。所以不需要保险。"

"你这种观念有偏差，就是因为你没有子女，我才热心地劝你参加保险。"

"道理何在呢？"

"没有什么特别的理由。"原一平的答复出乎军人的意料之外。他露出诧异的神情。

"哼，要是你能说出令我信服的理由，我就投保。"

原一平故意压低音调说："我常听人说，为人妻者，没有子女承欢膝下，乃人生最寂寞之事，可是，单单责怪妻子不能生育，这是不公平的。既然是夫妻，理应由两个人一起负责。所以，当丈夫的，应当好好善待妻子才对。"

原一平接着说："如果有儿女的话，即使丈夫去世，儿女还能安慰伤心的母亲，并担起抚养的责任。一个没有儿女的妇人，一旦丈夫去世，留给他的恐怕只有不安与忧愁吧，你刚刚说没有女子所以不用投保，如果你有个万一，请问尊夫人怎么办？你赞成年轻人投保，其实年轻的寡妇还有再嫁的机会，你的情形就不同喽。"

军人先生默不作声，一会儿，他点点头，说："你讲得有道理，我投保。"

原一平成功的奥秘何在？就在于站在对方的立场，设身处地地思考，发现对方的兴趣、要求然后进行引导，晓之以理，动之以情，使顾客的想法与其一致，产生共鸣，最后顾客会欣然接受。

客户的利益要切实有用

　　三流销售员推销产品的特点，二流销售员推销产品的优点，一流销售员推销产品的利益点。

　　客户为什么要购买你的产品？根据调查发现，客户花费90%—95%的时间考虑自己的需要，客户在弄清楚"我能从这件产品中得到什么好处"之前，他是绝不会下决心购买产品的。客户之所以要购买产品，不是买产品本身，他要买的是产品带给他的利益或好处。因此，一个推销人员推销给客户的不应该是纯粹的产品，应该是产品带给客户的利益。

　　大道至简，销售的唯一法则是：只有当客户了解到你的产品能够给自己带来更多切实有用的利益时，他们才会毫不犹豫甚至争先恐后地购买。

　　人们走进银行用按揭贷款买房的时候，他们可不是真希望去借钱，也不是单纯地想买个新房子。新房带来的利益才是他们真正想要买的东西。

　　有一个著名的化妆品广告词："今年二十，明年十八"。这八个字没有一个字向顾客说明它的化妆品质量多么好，也没有一个字说明它的化妆品价格多么便宜，更没有一个字说明它的化妆品有多少营养元素，但是这个化妆品广告却打动了无数顾客的"芳心"。这句广告词之所以具有强大的魅力，正是因为它推销的是利益：（如果你用了我们的化妆品）就会越活越年轻。

　　因此，那些一流的销售员善于向客户详细指出使用这种产品能够得到多少利益，使客户确信他所购买的产品是划算的。如果你的推销符合准客户的期望，他们就会成为你的客户。如果你坚持这个原则，你的工作就会变得轻松、有趣，更重要的是，你就能成为一流的销售员。

简单地说，销售员在推销时有三种利益值得挖掘：首先是产品利益，即产品带给顾客的利益；其次是企业利益，依此类推技术、实力、信誉、服务等带给顾客的利益；再者是差别利益，即竞争对手所不能提供的利益，也就是产品的独特卖点。

那么销售员向客户介绍商品时，怎样用利益来鼓励客户采取购买行为呢？而所谓 JEB 商品说明，能够很好地帮助销售员实现这一目的。

JEB，简而言之是首先说明商品的事实状况（just fact），其次将这些状况中具有的性质加以解释说明（explanation），最后再阐述它的利益（benefit）及带给客户的利益。熟悉这种介绍商品的三段论法，能让推销变得非常有说服力。

JEB 的产品说明三段论法看起来非常简单，但实际上能把商品介绍得很成功的销售员，都是经过长期的练习，才养成 JEB 的说明习惯。

接下来，我们把 JEB 的三个步骤，逐一详细说明。

第一步是 J（just fact），意指商品的原材料、设计、颜色、规格等，用眼睛能观察到的事实状况，也可以说明商品的一些特征。

商品本身所具的事实状况或特征，不管我们如何说明，都很难激起客户的购买欲望。例如当我们推销一把六角形手柄的槌子时，若我们对客户说："这把槌子的手柄是六角形，因此是好的槌子。不错吧！请买一把！"像这样只停留在介绍商品的性质上是很难把商品推销出去的。

为什么六角形手柄的槌子就好呢？这点要详细地说明，所以，第二步JEB 的 E（explanation）就要上场了。经过阐述后，构成商品的每个性质或特征，具有的意义或功能，就能让客户很清楚地了解。例如刚才六角形手柄槌子的例子，应将手柄为六角形的特征转换成"因为手柄是六角形，所以握起来较牢"等较有实际意义的话语。

接着的第三步，要说明利益（benefit）这部分，也就是在我们向客户陈述了 J 及 E——六角形手槌，握得较牢后，接下来要强调究竟握得较牢会带给客户哪些利益（benefit）、哪些好处。例如，这个例子可强调握得较牢，客户钉钉子时能钉得较准，不会把钉子打歪，同时也较能使得上力，不易疲劳。

JEB 的商品说明方法有两个重点：一个是用三段论的说明方法，另一个是对商品知识要充分了解。JEB 说明的步骤，最初说明商品的性质及特性，接下来阐述及解说它的意义，最后才诉求它的长处及优点。三个步骤是展开商品说明的大前提，因此，愈能够列举说明商品特性的销售员，愈能得到成交机会。

销售重点是从商品知识引申出来的，因此销售员平常就应该多下功夫了解此商品，尽可能地深入发掘和了解商品的性质。

从上面的说明我们可以得出一个结论，JEB 方法威力强弱的关键点有两个：一个是"竞争力"，即愈是能够多列举商品特性的销售员，愈能赢过竞争者；另一个是"销售力"，对第二步骤 E 及第三步骤 B 的阐述技巧愈强，愈具有销售力。

使用三段论法时，必须懂得运用三个连接词。例如，当进行第一个步骤，提示了商品的性质及特性后，在进入第二步骤前，可用"因而……"来接着说明商品性质的意义，最后再用"因此……"或"也就是说……"阐述商品的优点及下结论。

销售员的说服力不是口若悬河，也不是夸大无据。销售员的说服力在于掌握更多的商品销售重点以胜过竞争者及技巧地引申出能满足客户利益的优点。

千万不能嘲弄客户

有些销售员自以为自己专业，或者依靠大公司的背景，因而看不起一些其貌不扬、没有什么消费能力的客户。不是出言不逊，就是用鄙夷的眼光打量他们。这些就是不尊重客户的表现。这种态度不但不能赢得客户的好感，相反即便有购买意向的顾客也会被他们拒之于千里之外。

下面这些人的表现，作为消费者恐怕都不会陌生。

情景一：

某菜市场，有两位老年人正在挑选豆角。其中一位老人掏钱时不好意思地说："对不起，我带的钱不够。"那位小贩马上就从他手中夺过菜，对另一个人说："你要吗？他没钱不能要。"

"是，是，我没钱，我是穷人。"那位老年人接过小贩的话自嘲地说道。

"不是，不是，我不是这个意思……"不论小贩怎样解释，那位老年人打定主意以后再也不买这位小贩的菜了。

这位老板给人的感觉是，只尊重掏钱成交的客户本人，很容易给人留下势利眼的印象，影响自己的口碑。

情景二：

某服装批发市场摊位前，当客户认为儿童服装配黑颜色的短裤有些古板时，店老板自作聪明地嘲笑说："你别老土了，这才是今年最流行的。你说，白背心不配黑色的配什么？"客户不等他教训完扭头便走。

这种情况，店主的自尊心满足了，客户的自尊心却受到了损害，可想而知，怎能生意兴隆？

情景三：

还有一种情况是，销售员不懂得合理控制自己的情绪，在客户面前表现得太随便。客户会认为是给他们脸色看。这也是不尊重客户的表现。

一次，某超市收银员在为客户结账打开超市自备的包时，不小心把包扔到了地上。客户见状大声地说："我里面有手机啊！你把我手机都摔坏了。"

"我又不是故意的"，收银员连看都不看客户，自顾自地辩解道。

客户见收银员居然这种态度，声音马上高了八度。"什么，你不说对不起，反而还为自己的行为辩解？"

哪知收银员结完账，一扭身子离开收银台不回来了。

"你跟谁耍脾气，我告诉你们主管去！"客户见状噔噔噔跑上三楼超市管理办公室。可想而知，这位收银员免不了一顿批评。

以上这些人肯定也知道"客户就是上帝"这句名言。可是，这些人的做法就是不懂得尊重客户的表现。由此可见，要发自内心地尊重客户，就要放下自己的看法、观点、判断和主张。当客户遭遇尴尬时，帮助客户圆场；对于客户的无知，不要冷嘲热讽；对于客户的合理批评要接受，不要给客户脸色，让客户感到难堪；更不要随意发泄自己的情绪，让自己的坏情绪伤害到客户。

客户购物是希望心情愉快的，如果不尊重客户，即便是有着明显的消费愿望的潜在客户也不会发展成准客户。

工作场所不是任性、发泄脾气的场合。如果当着客户的面子耍大牌，给客户脸色看。客户岂能忍受？没有人是拿钱买生气的。因此，尊重客户也需要克制自己的情绪。

销售员每天都要与不同的客户打交道，只有把与客户的关系处理好了，得到他们的信任，甚至欣赏，才有机会向客户推介产品。因此，千万不能因为客户某一方面不如自己就鄙视甚至嘲笑他们。那样会引起客户的反感，因为你触犯了他们的自尊心。而懂得尊重他们的自尊心，保护他们的面子，他们才会配合你的工作。

因此，那些优秀的推销人员即便是面对拒绝自己的客户都会给予至高无上的尊重，而不是讽刺挖苦。他们这样认为：假如会见 10 名顾客，只在第 10 名顾客处获得 200 元订单。他们不会认为只是第 10 名顾客让自己赚到 200 元，从而对第 10 名顾客重重感激。相反，他们会认为前 9 名顾客也做出了贡献。他们会认为，前 9 名顾客拒绝自己时等于让自己赚了 20 元，所以应面带微笑，敬个礼，当作收入是 20 元。

对此，前 9 名客户怎能不对这样大度的销售员产生好感呢？

与之相比，那些自作聪明嘲笑客户的销售员的素质和水平有多么大的距离。因此，让我们学会像那些优秀的销售员一样，发自内心地尊重客户吧。你尊重他们的面子，他们就会心甘情愿地满足你的钱袋。

诚实才能可信

客户是上帝，客户是企业的衣食父母。如何得到客户的认可，信任最关键。客户的信任是企业赖以生存的基础，是销售人员取得销售成功的关键。

俗话说，诚实可信。一个诚实的人通常容易得到人们的信任。

日本著名的企业家吉田忠雄在回顾自己的创业成功经验时说过，为人处事首先要讲求诚实，以诚待人才会赢得别人的信任。

他自己在这方面有过深刻的体会。在他做一家小电器商行的销售员时，有一次，他推销出去了一种剃须刀，半个月内同二十几位顾客做成了生意。

但是后来他突然发现，他所推销的剃须刀比别家店里的同类型产品价格高，这使他深感不安。要知道，当时如果客户退货对他意味着多么大的损失啊！他刚从事推销行业，几乎一年多都没有一笔交易。可是，经过深思熟虑后，他最终还是决定向这二十家客户说明情况，并主动要求向各家客户退还价款上的差额。

结果，他这种以诚待人的做法深深感动了客户，他们不但没收价款差额，并继续购买了许多新品种。这使吉田忠雄的业务数额急剧上升，很快得到了公司的奖励。

由此可见，诚实能赢得客户信任。因为诚实的人会真实地反应情况、不歪曲事实、不掩盖真实内容。因此，客户感到放心、安心。特别是从事与人们的生命生活相关的行业，如果销售员满嘴瞎话，会给消费者带来多大的损失。因为消费者和商家相比，信息是不对等的，他们对于商品的质量如何并不知情。在这种情况下，如果销售员有意识地欺骗他们，就是不负责任的表现。

这种现象可以用下面这个试验来说明：

美国有位著名的心理学家曾做过这样一个实验：要求四名前来求职的人，一边做自我介绍，一边用小型的煮炉煮牛奶。

第一位求职者声称：自己学习成绩优秀，有出色的社会活动能力。而且牛奶煮得很好。第二位求职者的报告的内容与第一个人相差无几，只是在他夸奖自己时不小心碰翻了煮炉，牛奶也煮煳了。

第三位的情况和前面两位不同。他说自己的学业很糟糕，社会组织活动能力不怎么样，但牛奶煮得相当棒。

表面上看来，似乎第一类人成功的可能性应该更大，但现实的天平却倾向于第三位。因为人们相信他说的话。

由此可见，一个人能否获得他人的信任与诚实有着密切的关系。推销也是如此，要知道客户的需求是多种多样的，规模再大的公司也不可能满足客户所有的需求。再好的产品也有不足之处。如果吹得天花乱坠，一旦客户要求你像那位煮牛奶的大学生一样当面表演，谎言就会不攻自破。所以，一个营销人员想要赢得客户的信任，大可不必去极力掩饰缺陷，而应适当承认细微不足。特别是第一次合作时就要把产品的注意事项及可能会产生的副作用告诉客户。这样反而使人觉得亲近，更容易被人接受。

因此，一定要重信誉，讲信用，抱着一颗真诚的心，诚恳地对待客户。只要是发自内心的真诚，哪怕只有一点点，客户也一定能感受到，那样才会获得客户的认可。只有得到客户的认可，客户才会把朋友的近况及家庭情况告诉你，从而获得准客户的详细资料。

总之，销售员是连接企业与社会，与消费者，与经销商的枢纽，也是企业形象的表现，自己的态度直接影响着企业的产品销量。因此，敢于坦诚细微不足，体现真实自我，以实际行动赢得客户的信任。千万不要将客户看成"傻瓜"，将客户看成"傻瓜"的人自己会最先成为"傻瓜"。那才是最得不偿失的事情。

给客户足够的理由

美国电影《教父》有句经典台词："我将给他一个无法拒绝的理由。"凭借这句话，教父科莱昂摆平了所有希望摆平的人。推销也一样，磨破嘴皮说上一万条理由劝说客户，不如给他找一条无法拒绝的理由。"千法万法，不如无法"，让客户最终选择你，不是因为你有多么好，而是因为无法拒绝你。

如果销售员只精通自己的产品，只会琢磨各种对付客户的技巧，却不善于抓住问题的根本，就如同一个拙劣的剑客，只会摆弄各种招式姿态吓唬别人，却不能一剑封喉而制敌毙命。

在很多店铺，我们可以看到，销售员见到顾客就像背书一样推荐自己的商品，展现自己商品的不凡之处。有时很多销售员还抱怨自己还没背完顾客就走了。

不错，公司按照自己的商品特点总结一些商品解说话术，并让销售员记住是正确的选择。但是也要自我反省你所总结的这些商品解说话术是否是顾客需要的。在销售服装时，我们经常会遇到顾客感兴趣的明明是衣服的颜色，可是销售员却对着顾客背诵版型和面料的优点。

所谓的购买理由就是顾客购买商品时的"买点"，是顾客购买商品的过程中，及时产生的一些想法。比如要买一个什么档次的商品？什么价位？什么品质？什么颜色？什么面料？什么时间穿着？有什么样的品牌知名度等。我们要做到商家的"卖点"与顾客的"购买理由"相对接，就必须要从顾客的实际需求出发去开发商品的卖点。而不是置顾客需求而不顾，闭门造车，为开发卖点而开发卖点。

销售是一门艺术，销售员除了要了解自己的产品，依赖自己的产品，热情地推销自己的产品外，还要了解客户到底想要买些什么东西。因为向对方推销他们所需要的东西，要比说服对方来买你所要推销的东西容易得多。

当一位母亲走进你的商店，为她8岁大的女儿买脚踏车时，你就要了解或者知道她在找什么？需要什么？你要清楚地了解，她不只是需要一辆脚踏车，她是在寻求一种与女儿分享快乐的体验——教她的女儿如何骑车，就像她的母亲在她8岁时教她骑车一样。也就是说，她是在找寻一个值得一生怀念的美丽回忆，一个可以与女儿怀念一生的时刻。

　　同时，她买的是送给女儿的一份安全和喜悦。基于这一认识，你要卖给这位母亲的不是最高级、可以赚得最大利润的脚踏车，而是更适合小孩用的车。当这位母亲了解到，你不是只推销产品给她，而是在为她着想时，她会成为你的忠实客户。几年后，她的女儿又需要一辆新的脚踏车，这时她就会想到你。

　　所以，在你选择任何策略时，最好先清楚地了解客户，给客户一个购买理由，才能把产品更多、更快、更有效地卖给客户。

第五章　各种性格的客户该如何应对

一把钥匙开一把锁。和不同性格的人打交道，需要用不同的交往方式才能打开对方的心灵之锁。一个销售员，不但要提高自己的业务水平，同时也要有一定的"识人"能力。"识人"之后采取相应的推销策略，推销才有更高的成功率。

推销高手都是心理专家

客户在购买产品时，大多不会一口价就接受，看准了付钱就走。他们的心理都是在随着交易过程不断变化的。销售人员的每一句话，其他顾客对自己及其所购物品的评价，这些都会影响他们的心理变化，进而会影响成交。

那么，应该如何把握客户不断变化的心理，达到顺利成交的目的呢？

其实，客户在购物过程中心理的变化也是有规律可循的。尽管他们因性格不同，购买动机不同，购买商品的种类、数量不同，心理活动也千差万别，但总体上来说有一个购买进程规律。一般来说，客户在购买过程中的心理状态可以分为八个发展阶段，依次为：注意、兴趣、联想、欲望、比较、信任、行动、满意。只要注意观察，能够一环扣一环地良性循环，就可以得到好的结果。

所谓注意，指的是客户聚精会神地对自己看中的或者是销售员介绍的商品进行观察、聆听、分析、比较、认识。如果客户有这些表现，就可以有的放矢引导他购买的兴趣。如果客户只是漫不经心地浏览商品，就需要充分调动起他们的注意力。比如，鲜明突出的广告和装饰，新颖的商品包装，变化多端的商品功能展示等，都会刺激客户，引起他们的注意。

兴趣是指客户在注意销售人员推销的产品时，他们的心理会产生一系列反应活动，如想象、比较、分析、判断等，并询问销售员某种商品的颜色、式样、味道、价格等方面的信息。这就标志着客户对商品产生了兴趣。如果客户表现出对产品的兴趣，销售人员就可以进一步激发他们的购买欲望。

所谓联想是由一件事物想到另一事物的心理活动过程，联想会使客户突破时空限制，引发更强烈的情绪体验。比如，某个客户对一件服装产生了兴趣，他会联想到穿上这身衣服的效果。这时候，有经验的销售员们就会走近他们，并且使用各种方法和手段适度地给他们描绘一幅美妙的画卷，帮助客户提高联想力。

欲望是人想得到某种东西或想实施某种行为的要求，只有刺激起了客户的购买欲望，才能推动整个推销的进程。

比较就是在两种或两种以上的事物中辨别其异同或高低。判断就是运用概念或个体的知识经验对事物的存在或它的某些属性进行肯定或否定判定的思维过程。比较之后客户才会做出判断，选择自己要购买的。

以上说的是购物成交的关键阶段。特别是在目前商品极大丰富的时代，同一种性能的商品通常有若干个竞争商品，所以，客户在作出购买决定前总是会反复比较判断。此时他们也最容易出现犹豫心理，有经验的销售员们会根据他们的这一心理特点尽快消除客户的疑虑。

一个销售员，不但要提高自己的业务水平，同时也要懂一些心理学的知识。这样才能对不同的客户采取相应的推销策略，推销才有更高的成功率。

"对症下药"才能满载而归

同性格迥异的人打交道，需要用不同的交往方式才能保证合作的顺利进行，如果你事先没有认真分析顾客的性格特征，更没有根据这些特征做出相应的应对策略，结果往往不会如你所愿。因此，销售员要注意观察客户的性格特征，"有的放矢""对症下药"才能满载而归，推销才有可能成功。

对于销售员来说，客户的性格一般区分为以下几种类型，针对这些类型，可以采取不同的推销方法。

1. 忠厚老实型

这类客户看起来毫无主见，并且富有同情心，无论销售员说什么，他都点头微笑，连连称好。即使销售员只是对商品的说明进行简单的描述，他们也不介意。

虽然在销售员尚未开口时，这类顾客会在心中设定"拒绝"的界限，但当销售员进行商品说明时，他又认为言之有理而不停地点头。面对这种顾客，关键是在拜访他们时能让他们点头说好。你可以这么问他："怎么样，你不想买吗？"这种突然的发问可瓦解其防御心理，使顾客在不自觉中就完成交易了。

2. 冷静严肃型

这类顾客遇事冷静、沉着、不易被外界所干扰。因此他们通常给人一种严肃冷漠的感觉。

这类客户对销售员的来访，既不握手，也不寒暄，只是冷冷地接待。简单的寒暄后他们就会默不作声，有时甚至会以怀疑的眼光观察。有时则会提出几个令人难以回答的问题。因为这类客户对商品也有基本的认识和了解，不会轻易被他人所左右。因此在拜访他们时，销售员总感到摸不透他们的真实意图。

其实，这类客户的冷漠是在为自己真实的心理状态做伪装，也许他们外冷内热，其实内心有一种与人亲密相处的愿望。另外，他们要通过销售员的介绍来探知其为人及其态度真诚与否。因此，对于这种客户，销售员不能因其态度冷淡而生气，应很好地注意听顾客所说的每一句话，从他的言词中推断其内心的想法，千万别显露出一副迫不及待的样子，那样会适得其反。

只要销售员思路清晰，能够通过详细的商品介绍，用精确的数据、恰当的说明、有力的事实就可以博得他们的信赖，建立彼此的友善关系。他们经过理智的思考和分析后，也会有接受的可能。

而那些高傲孤僻、严肃拘谨，不擅与人交往的冷漠型客户，他们通常对销售员的一切礼貌的介绍、说明、询问等推销手段都会不冷不热，甚至是不礼貌、刻薄地拒绝。这时可运用激将法，引起对方辩解表白。反其道而行之有时反而容易引起他们的兴趣。

3. 内向含蓄型

这类客户不善应酬，一见到销售员便显得坐立不安，东张西望。他们之所以有这种行为一方面是因为自卑感；另一方面是因为害羞感。他们深知自己不善言谈，极易被销售员说服，因而会以这种方式表现拒绝。

应对这类客户，销售员必须谨慎而稳重，与之建立值得信赖的友谊。在交谈中，也可以谈一些推销外的话题，借此活跃一下气氛，促使其放松警戒心。

4. 豪爽干脆型

这类客户给人的印象是开朗、乐观、积极、办事果断干脆。他们通常会主动提出看货，只要觉得符合自己的口味，便二话不说，立即买下。这类客户当然是销售员喜欢的。和这类顾客交往，销售员的言谈举止一定要显得干脆利落。只需简短地说明产品的用途、特点、使用价值及价格就可，没必要啰唆。

只是他们通常比较马虎，爱凭自己的主观印象和感情用事。因此，销售员还应该细心一些，对顾客略加指点。这样他们也会感激不尽的。

5. 忽冷忽热型

这类客户易感情冲动。心情舒畅时，其热情程度让人无所适从；心情抑郁时，又郁郁寡欢，又会无缘无故地乱发脾气。他们通常只顾自己发泄痛苦，不会顾忌他人的感受。在与销售员面谈时，常常会打断销售员的说明，妄下断言，以致影响顺利沟通。

对于这类客户要见机行事。当他们心情舒畅时，敦促其尽快做出购买决定；心情不好时则耐心等待，暂时不要与他接触。

6. 圆滑难缠型

这类客户是销售员感到最难应对的人，刚接触时他们似乎很有诚意，向销售员索要各种各样的资料说明，可是一般许下的诺言都但很难兑现。等到快要成交阶段，他们通常会提出各种尖刻的问题、附加条件等，找借口继续拖延、砍价，有时还会以声称另找厂家购买相威胁。

其实，他们这样做的目的就是为了摸清底细。因为他们确实想获得一定的购买优惠而又担心自己上当受骗，因此用这种方式来试探你。

对此，销售员一定要有清醒的认识，绝不可因担心失去订单而主动减价。针对这种顾客，销售员要察看其购买意图，对于他们所提的苛刻条件应尽力绕开，不予正面回答；然后让他们明白自己已做出了最大的让步。这样，他们担心因小失大也会当机立断马上购买。

7. 随和型客户

这类客户通常比较随和，乐于听取别人的意见及看法，相处起来十分容易。即便是在出现问题的时候，他们也会尽量减少摩擦，是很好的合作伙伴。

可是如果你认为说服他们很容易就大错特错了。这种类型是懂得为人处世艺术的人，他们也有自己的原则和底线。如果他们不想购买，就会打哈哈，敷衍了之。

因此，对待他们的办法就是发挥从众效应。当他们看到大多数人都纷纷购买时，也会随大流做出决定。因为他们的性格不会让自己特立独行。

总之，应对不同性格的客户要使用不同的方法。因为人们的性格、脾气、爱好不同，用同一种方法成功应对某种类型的客户，却不一定对其他类型的客户同样见效。因此要学会横弹琵琶竖吹箫，灵活应对才能顺利沟通，愉快交谈，提高交易的成功率。

如何应对吝啬型客户

吝啬的客户一般比较喜欢精打细算，对于高价位的产品不舍得购买，即便购买那些实惠型的，也是斤斤计较，生怕多花一分钱。这是由他们已经形成的节约习惯决定的。

他们最为关注的是成交的价格，心中盘算的是怎样让商家的利润降到最低，然后再要求质量。当然在还价的过程中他们也会告诉你在其他商家购买的便宜很多，以此来压价。

针对吝啬型客户，销售员不能讽刺他们一毛不拔，可以按照以下的办法进行：

1. 称赞他们

要想拉近与吝啬型的客户的关系，最有效的方法是自己也要表现出很节俭的样子。因为，他们看不惯胡乱花钱的人。因此，你要称赞他们会把钱花在刀刃上，帮他们分析物有所值，这样他们会认同销售员，也会放下戒备的心理。

2. 用折扣吸引他们

有些节俭的客户听到什么地方有大拍卖时，总爱疯狂地抢购大量处理品、折扣品。花费大量时间、人力与物力也在所不惜。因此，对于这类客户用打折吸引他们最有效。

要注意维护这些顾客的面子，如果自己无法降价时，可以拿出另一种较便宜的产品给他们看，同时不要忘记这样说："这种产品的质量与刚才的产品不相上下，但价钱却便宜很多，用起来性价比更高。"此外，你还可以告诉他们：这种商品的厂家追求的是薄利多销，所以价钱较便宜。这样就保住了他们的面子，他们一定愿意掏钱买货。

3. 算一笔长远经济账

这类客户过日子精打细算，他们支付同样的价钱购买某类商品时，通常把价格当作商品是否划算的根据，因此不惜"货比三家"，结果往往忽视了商品是否有同样的使用功效。

因此，你可以帮他们算一笔明细账，引导他们算长远账。帮助他们明白怎样花钱才算省钱。让他们明白如果只是看重价格、不注重价值的危害。看到实实在在的数字对比，客户一般都会动心。他们经过精打细算发现自己是捡芝麻丢西瓜后就不会一味吝啬了。

总之，吝啬型客户虽然不太好说服，可是他们是因为要购买所以才斤斤计较。明白了他们这种心理后，就要有针对性地引导他们把吝啬变为节俭，把钱省到应该省的地方，这样才是节约的能手。

怎么搞定爱炫耀的客户

在客户类型中，有一种人总是抑制不住自己的表现欲，喜欢炫耀自己。

他们一出现，往往就会高声喧哗："我和你们老板是好朋友""你们公司的业务我非常熟悉"等，目的就是为了引人注意。另外也是为了警告销售员，"你们可不要糊弄我啊！"

可是结果呢？销售员的一摞高帽子给他戴上，他们就迷惑了，不但不讨价还价，也许还在不知不觉中多掏了钱。因为他们爱听恭维话。因此，对这类客户就不要吝啬赞美。

至于那种消费比较时尚，个性比较突出的潮流型客户，更会有意或者无意地把自己身上具有特色的东西刻意地展示在别人面前。对于这些类型的人我们要尽量去赞美和夸奖。

再者，当销售员进行商品说明时，他们总喜欢横插一句："这些我早就知道了。"此时，销售员可以用一种仰慕的态度不失时机地夸奖他们。之后，你可以马上询问他："先生，我想你对这件商品的已经非常了解了，那您需要多少数量呢？"此时此刻，为了不丢面子，他们通常不会拒绝销售员的业务。

当然，有些时候也会发生这种情况：一些自我吹嘘型的客户因为你一直赞美他就忘乎所以了。拿其他厂家同类产品相比，诋毁你的产品。此时，销售员就必须适当地表现自己卓越的专业知识，不能让他一味"炫耀"下去。

你可以这样对他说："先生，对于我们的产品您刚刚总结的真全。正好碰上专家了，我借此请教您一个问题……"这些人担心露馅也会马上打住。

总之，应对这种爱炫耀的客户，只要不危害企业的利益，都可以让他们炫耀一下。他们的虚荣心满足了，不但与你签单，还会觉得与你做生意是件愉快的事，下次有生意还会想到你，你也就多了许多忠实的回头客。

别惧怕盛气凌人的客户

在推销过程中，经常会遇见这样的客户，他们处处给人以高高在上的感觉，总是处于命令的状态，喜欢控制别人，不给人说话的机会。因为他们不能设身处地地理解销售工作，因此和他们相处起来很不容易。

对于一些近乎"霸道"的客户，你不想忍气吞声，可又不想和他闹翻导致自己失去工作。对于此类客户，应该怎样应对？

1. 服从

因为他们有支配别人的习惯，要想改变这个习惯是很困难的，因此最佳的合作态度是服从。适当地满足其控制欲，以便合作双方相处愉快。

2. 满足其合理要求

在其要求合理的前提下，完成其提出的要求。这样工作才能进行下去。比如，办事不能拖沓，有一定的时间观念，约好什么时间谈工作就一定要按时赴约。

3. 避免与对方发生冲突

在交谈中，避免与对方发生冲突。不要在不恰当的时候提出反对意见，否则合作很容易失败。

4. 让对方明白合作是平等互利的

这些人之所以盛气凌人是因为他们认为自己是施舍方，销售员是依靠自己的施舍而生存的。因此，对于此类客户，不能表现得低三下四，要让对方明白，双方的合作是平等互利的。

怎样解除多疑型客户的顾虑

多疑型的客户容易对周围的事物产生怀疑，无论销售员怎么向他介绍，他们也不会相信。不是怀疑销售员就是怀疑产品价格和服务品质，甚至怀疑公司，让人感到莫名其妙。

不论我们怎样看待这种性格的人，他们毕竟是我们发展的对象。销售就要针对对方的性格特征，采取不同的方式和方法，最终达成自己的销售目的。因此，作为一位优秀的销售员，应对顾客的疑虑做出必要的解释，达到以理服人。

其实，这类客户之所以疑虑重重也许是因为以前上过当，以后就变得十分谨慎了。也许是怀疑购买的商品是否和价格相符，也许是因为对新产品陌生，本来多疑的心更加产生怀疑。

不论是何种原因所致，面对客户的这些疑虑，都不能简单地排斥他们。

打消客户疑虑需要遵循一定的原则，这样才能有效地处理客户的疑虑。下面让我们来看一下这些原则。

1. 事前模拟，做好充分准备

如果能够在产品推销前事先预测客户将会有哪些疑虑提出来，就可以针对这些制订出有效的应对方案。而不至于不知所措，让客户失望。

有些公司专门组织专家收集客户疑虑并制订出标准应答方案，然后对本公司的销售员工进行专门的培训。具体的步骤是：

第一，假如你是客户，会提出哪些疑问？

第二，哪类客户的疑虑最多？问题是什么？

第三，把客户的疑虑写下来，按性质归类；按出现频率的高低进行排列，频率高的排在前面；

第四，根据实践经验，制订最恰当的应对方案；

第五，按照整理后的方案进行模拟练习，直到运用自如为止。

这样通过对产品的了解和对客户的了解，就可以提前做好充分的准备，在客户提出类似的疑虑时从容应对。

只是在制订以上应答方案的过程中，为了更全面地了解客户的疑虑，可以征求一下老客户的意见和建议。

2.选择合适的时机解答疑虑

解答客户的疑虑也需要选择合适的时机，对时机的把握不同，解答的效果自然不同。

3.让顾客眼见为实

对于那些怀疑商品质量的客户，可以通过演示和亲身体验等，让顾客眼见为实。比如，食品、服装、生活日用品等行业的推销，都可以使用这种方式。让顾客看到效果后，他们的疑虑也会打消。

4.自爆家底

客户的疑虑大多是来自价格，担心商家多赚他们。对于这类顾客，可以自爆家底。

你可这样说："先生，我实话告诉你吧，我这商品是从××公司批发的。我敢保证，您在别处找不到这样物美价廉的商品。不信您就去外面打听一下，等一会我再给你开订货单，怎么样？"

顾客听完你把一些秘密告诉他之后，对你产生一种信任感，成交可能性就大了。

至于什么时间解答客户的疑虑，在具体的销售实践中，营销人员应当适时把握住三种时机。

1. 在客户疑虑尚未提出时解答

如果你预测客户可能会提出某种疑虑，最好在客户提出之前，主动提出来并给予解释。比如，在谈论产品的诸多优点时，客户往往会从反面来提出质疑；在初步报价之后，客户往往会要求压低价格等。预料到客户会在这些方面提出疑虑，就可以先发制人，在客户疑虑尚未提出时解答。这样可使你在与客户的沟通中占据主动，从而避免在客户提出疑虑后因纠正客户看法而引起的不快。

2. 提出疑虑后立即解答

客户提出疑虑后总是希望马上得到解答。他们通常会以此判断营销人员是否专业。如果销售人员的解答令他们满意，他们就会打消疑虑，提前成交。如果拖延的时间太长，客户就会认为销售员不尊重客户，或者不专业，或者对这桩生意不上心。因此，立即解答客户的疑虑有利于客户马上作出购买决定。

如果客户的问题实在难以解释，比如，客户提出的疑虑涉及较深的专业知识，或者涉及相关的专业人员，也要第一时间通知可以解答的人给予答复。这样才会给客户留下负责任的印象。

3. 过一段时间再回答

和以上马上回答相反，有些时候，对于客户提出的一些问题可以过一段时间再回答。比如，一个刚上市的新产品，客户问使用后会有什么效果？营销人员就无法马上回答。与其仓促错答，倒不如事后给客户一个权威的答案。

总之，对待疑虑型客户，不能催促太急，那样反而会引起他们的疑心，因此要耐心地解释说明。对他们来说，真相大白比销售员的任何解释都管用。

犹豫的人推他一把

犹豫不决型的客户，通常有购买意向，但却总是不能下定决心购买产品。在签单时总是一再拖延，总爱说"我再考虑考虑""我再问问别人""我回去再想一下"等。

比如，在商场我们经常看到这种现象。经过自己的介绍，客户好不容易看中了一款服装。正当她穿在身上眉飞色舞时，同伴一句"我感觉颜色好像不太适合你……"马上，她兴奋的心情就开始降温，进而怀疑这款服装是否适合自己。如果找不到其他更适合的服装，她就会做出不购物的决定。

遇到犹豫不决型的客户，不能太急，不能采取强迫的方式，强迫只会让他们失去本来就不坚定的购买意愿。但也不能太慢条斯理，你可以用适度强迫的方法巧妙地引导他们促成交易。

1. 解答客户相关问题

有些客户犹豫是因为对购物中的一些问题不明白所致。遇到这种情况时，销售员应该迅速询问客户相关问题，给予客户最为清晰的解答，一旦所有的问题解决了，客户决定签单的时间也就到了。

2. 限时抢购

当客户对是否购买你的产品犹豫不决时，你可以给客户考虑的时间。但也要巧妙地提醒客户，给他们施加一定的压力，促使他们尽早成交。

比如："我们促销的时间只有这两天。如果您立刻将这个决定付诸实施就可以获得本商品的优惠价。晚了就没有优惠了……"

3. 提醒顾客注意某个事情

当客户看好了一件商品，但是反复掂量是否值得买时，可以根据商品的性能提醒客户注意某个日期。

比如，当某位女士看好了一件羊毛衫，可是价格有些高，犹豫不决时，销售员提醒道："这位女士，这是一款新上市的羊毛衫，很保暖。今天是'母亲节'，不买一件送给妈妈作礼物吗？"

这样一说，顿时触动了该女士对母亲的挂念，她就会毫不犹豫地下单。

4. 强调独特之处

犹豫不决型的人喜欢反复比较，总认为还有价格更低的、质量更好的，因而常常是挑花了眼。尽管他们有充足的时间，可是这样下去也会使销售员的工作受影响。

因此，你就要让他们明白，没有一种商品是十全十美的，并且要将产品或服务的一个优势进行适度放大，要让他们意识到自己的产品具有这方面的独特优势，从而促使他们在最短的时间内做出决定。

5. 利用唯一性

物以稀为贵，一般人都有一种越得不到的东西，就偏偏想得到的心理，这种独特的顾客心理正可运用于销售上。

以下是正确地制造"唯一性"的话术：

"这款产品已经销售5万多套了，现在库存已经不多了！我们店只有几件了。"

6. 替他们做出购买决定

犹豫不决型的客户尤其害怕做出错误的决定让自己承担后果。所以，对这类客户必要的时候你可以帮助他们做出购买决定，对其进行引导，进而完成签约。

这样做的前提是通过对客户的观察了解，知道客户对商品已经没有什么异议的情况下做出的。比如："×总，通过这么多次的沟通，你应该已经掌握了我们公司这款产品的所有信息，现在可以签单了吧？"说完，可以将合同递给他。

7. 订单锁定法

有时候客户本已看好的商品又有些反悔，便以钱不够拖延购买。此时，可以这样说："先生，您钱不够可以先开个订货单，等您有空了再来，以后您来就省事多了，怎么样？"

当你使用这样的语言之后，这类顾客就会走也不是，不走也不是。他们也会考虑接受的。

总之，销售员把握时机向顾客提出成交的要求，好像在战场上瞄准了目标就要及时扣动扳机一样，否则就会错过机会。因此，不论顾客拖延是哪一种原因，你都可以采取相应的对策。只要能让顾客意识到立刻采取行动对他们有利，那么，顾客是愿意与你达成交易的。

粗鲁野蛮的，以礼待之

有些客户是那种脾气暴躁的类型，动不动就冲销售员发火，而且态度还粗鲁野蛮，甚至会坐在你的办公桌上。这类客户攻击性十足，一般销售员都感到发怵。也有些性情急躁的忍不住要教训他们一顿。可是，对待这样的客户，千万不能以牙还牙，那样会惹恼他们，增加麻烦，因此要以礼待之。

他们之所以脾气暴躁、心情烦躁，可能是因为工作生活的压力太大所致。他们之所以言语粗鲁也许是因为没有受到很好的文化教育所致，因此要理解他们，原谅他们，不能与他们计较。

其实，这类人一般心眼不错，直来直去，不会要阴谋诡计也不会弯弯绕，因此，销售员不必退缩，要尽量友善地感化他，和颜悦色地对待他。只要你礼貌而真诚地待他，让他看到你的诚意，他们会爽快地支持你，而且他们对自己的行为也会感到不好意思。

对待粗鲁暴躁型的客户，一定要用礼貌友好的方式对待，可以平静地接受他们的粗鲁举动。他急你不急，他们没有交锋的对手发泄一通也就平静了。

另外，如果他们能感受到你真诚的关怀，也可以达到以柔克刚的目的。

识破各地坑蒙拐骗的"客户"

在推销的过程中，有时会遇到一些故意坑蒙拐骗的客户。骗子往往极善于伪装，方式也变化无穷。因此，东奔西跑的销售员要多一些警惕，及时识破他们的骗术，防止上当受骗，避免给自己或者公司、客户都造成损失。

因此，千万不能轻信陌生人的电话。

第二篇
如何做顾客才会买

第六章　多几分钟准备，少几小时麻烦

销售工作是一门学问，也是一门艺术。并不是人人都能做销售工作，也不是说做就能做，做销售前一定要做好一些准备工作。比如形象准备、知识准备、咨询准备、礼仪准备等。

凡事预则立，不预则废。我们准备得越充分，胜算概率就越高，销售做得就会越顺畅。正如推销之神原一平曾说："推销的成败，与事前的准备工夫成正比。"

熟悉所推销的产品

销售人员要向客户推销产品，一个最基本的前提就是，要对自己的产品烂熟于心，要对自己所从事的这个行业的相关专业知识了如指掌，只有这样才能对顾客的各种疑问应付自如。如果顾客已经对你的产品产生兴趣，但是如果看到你面对他的疑问抓耳挠腮，一问三不知的话，那么顾客很可能就会对你的产品产生怀疑，最终也不会购买你的产品或服务。

相反，当你对自己所推销的服务和产品有详尽的了解的时候，你就会在推销的时候底气十足，并能够有条不紊地为顾客答疑。你专业知识的掌握程度以及你推销时的激情和自信都会感染和影响你的顾客，并促使他们做出购买的决定。

通常情况下，销售人员应该掌握的产品知识包括以下几个方面。

第一，产品的性能与技术构成。一件产品的性能和技术构成（通俗地说就是质量）如何，这是顾客最关心的问题。顾客因为需要才会购买，所以你能否满足他的需要是他最关心的事。因此每个销售员必须对自己产品的材料、质地、性能数据、规格、操作方式等有清楚的认识。

对自己产品的性能、数据的清楚了解对一个销售员的推销效果而言是非常重要的，有时候甚至可以弥补销售员在语言艺术和说话方式上的不足。

小李是电脑商城的一名销售人员，只有初中文化水平的他自知学识不如人，而且性格又比较内向，是个比较老实憨厚的人，这些似乎都是作为一名销售员的不利因素，但是这些因素都没能阻碍他取得良好的销售业绩。因为他很能吃苦，对于自己要推销的电脑配件的品牌、性能、效用等，他都牢记在心，把主板、内存条、风扇、CPU等不同的部件的功能弄清楚，面对来组装电脑的客户，他能将产品的这些知识倒背如流，再加上他热情的服务态度，到他这里组装电脑的顾客有很多。

很多顾客还以为他是计算机专业的大学生，当他坦诚地告诉顾客他只有初中文化水平的时候，顾客非但没有看轻他，相反对他更加刮目相看。他没有像其他人一样巧舌如簧，而是将每一个配件的不同品牌列举出来，然后比较它们的优劣，给出明确的数据和性能，让顾客自己做主。

第二，产品的市场情况和品牌知名度。有时候，仅仅是向顾客介绍产品的性能，并不能完全使顾客信服。因为客户很可能对你的产品不熟悉，所以你即使讲得头头是道，在他们看来可能只是你在天花乱坠地吹嘘，或者他不能确定你是否是在利用他的知识盲区来糊弄他，这时候，你必须对你的客户进行产品市场份额或者品牌知名度的介绍，使他们有更感性的认识。

小张是昆仑润滑油的销售员。一次，他去拜访一个非常有经验的老板，所以小李决定用自己所掌握的行业知识来说服他。当他面对老板娘的时候，他知道老板娘也是决策者之一，至少也是影响客户决策的重要人物，他于是决定再加一把火。

他问老板娘："您看过雅典奥运会吗？"

老板娘说："怎么会没看过呢？有时候我们还组织员工一起看呢。"

小李说："那您记不记得当时电视上的一句广告词：昆仑润滑油，为中国奥运健儿加油？"老板娘恍然大悟地说："哦，就是这个昆仑润滑油啊？我记得那个广告做得不错！"

小李于是说："对啊，在中央电视台 2004 年雅典奥运会招标现场，昆仑润滑油在所有招标广告项目中最先胜出，以 3280 万元的高价，夺走了'奥运金牌榜'独家特约播出的黄金广告时段。今年昆仑润滑油产量已经达到了 160 万吨，销售收入也有将近 70 亿元，利润有 5000 多万元呢。"

老板娘听了忍不住感叹："哇……"

在其他手段不能奏效时，销售人员可以通过向客户介绍自己产品的市场份额，宣扬自己产品的品牌影响力，并以此来说服、打动顾客，这种方式在一些特定情况下对推销的成败有着决定性作用。

第三，了解产品的不足之处。

详细了解产品的性能、技术和产品的市场份额等信息，固然对产品的销售有好处，但是人们也有这样一种观念："金无足赤，人无完人。"当你把产品介绍得完美无缺的时候，常常会使顾客产生怀疑。

中国人向来有"家丑不可外扬"的意识，因此一些销售人员在面对自己产品的不足的时候会感到很为难。他们在面对顾客时，要么想方设法隐瞒过关，要么就避而不谈。总之，是一味地谈论自己产品的优点，对自己产品的缺点从不提及。

事实上，这并非一种明智的推销方式。因为，在这种情况下，客户往往会对你的产品产生这样的疑虑：它真的有你所说的那么好吗？有了这种想法后，顾客要么会犹豫，要么会借故走人，尤其是当他们面对那些昂贵而自己又不是很了解的商品的时候，顾客往往因为销售员的天衣无缝的介绍而望而却步。

因此，在必要的时候，我们也可以委婉地向顾客道明产品的不足之处，或许更能够得到他们的理解与信任。

第四，产品的价格构成。产品的性能、技术数据及效用等无疑是顾客最关心的，而产品的品牌效应、市场份额和产品在市场上的影响力又能进一步刺激顾客的购买欲望。坦言产品的不足能打消顾客的疑虑，而产品的价格构成则是顾客衡量自己的购买行为"有没有必要""值不值"的一个关键问题所在。因为，顾客即使对你的产品十分放心，也很喜欢你的产品，但是如果在价格问题上犹豫不决的话，那很可能会使你的所有努力都前功尽弃。

第五，熟知产品的售后服务条款。在销售过程中，为了促成交易的最后成功和避免售后的纠纷，对产品的售后服务条款等一定要向顾客交代清楚，千万不能为了一时的成交而给公司带来麻烦和影响自己公司产品的信誉。这些条款包括产品的维修、产品的寿命周期、产品的保修期和包换期等内容，一定要向顾客交代清楚，它们和产品的技术性能、品牌一样，也是影响顾客做决定的重要因素。

比如计算机、数码相机等比较昂贵的电子产品，或者冰箱、液晶电视那样大型的家用电器，顾客在做决定的时候必然会问及它们的售后服务问题。为了能有效地回答顾客的问题，销售员对这方面的知识必须牢记，能准确、清楚地回答出来，倘若只是给予模棱两可的回答，那么售后一旦出了麻烦，销售员的责任是无法推卸的。

掌握客户的相关信息

只有知己知彼，才能百战不殆。销售人员工作中的核心对象就是客户，作为一个称职的销售人员，必须要对自己的客户有所了解。据一项调查结果显示：让销售员最为不安的情况，并不是在面对一个大人物或者难缠的、脾气不好的客户的时候，而是在面对一个你根本不了解的客户。同样，很多时候的推销失败不是由于对自己产品的不了解，而是由于销售人员对客户缺乏了解。

因此，这就要求销售人员要处处留心，在生活中做个有心人，注意在平时积累一些对自己工作有用的客户信息，同时还要有意识地对自己的潜在客户做好相应的调查与资料收集。

那么，客户资料主要包括哪些呢？是不是所有关于客户的衣食用住行都要面面俱到地掌握呢？不是的，我们没有那么多时间，也完全没有这种必要，只需要把握客户的某些关键性信息即可，这些信息在必要的时候甚至可以成为我们的"救命稻草"。

对于客户自身的了解是资料收集工作中的一个重点。你对客户的熟悉，使得他们对你的印象改观，无论是谁，都非常在乎自己在别人心目中的印象，每个人都希望自己能引起别人的注意，即便是那些所谓的大人物，哪怕他们再出名，再广为人知，但是，当你面对他的时候，如果能不动声色地说出关于他个人情况的一些细节，也绝对能够使他的内心产生震动。

一般情况下，对顾客自身的了解主要包括以下方面的内容。

第一，客户的性格特征。了解客户的性格特征，对销售人员的推销活动有着非常重要的意义。当你掌握了客户的性格特点后，才可以做到有的放矢，避免与他们发生冲突，同时可以使自己的推销语言更具有针对性，也更加富有鼓动性。如有的客户是急性子，易冲动；有的客户则多疑，是慢性子，凡事求稳妥；有的客户脾气暴躁；有的较为温和；有的骄傲自负，目中无人；有的则谦虚恭敬等。总之，对不同的客户，要用不同的方式、不同的语言去对待。

第二，客户的人生经历。每个人都会对自己的人生经历念念不忘，并且会经常回忆。因为它记录着人的成长，人在成功时候的喜悦，在失败时候的痛苦，在陷入困境时候的无助、寂寞，在事业上升时期的意气风发，在白手起家阶段的艰辛，或者在事业遇阻时的惆怅失意等。

很多客户，尤其是那些成功的客户，很喜欢和年轻人谈论自己的人生经历，尤其是那些相对比较成功而经历又十分曲折坎坷的人士。有时候他们在意的不是现在的成功与事业的得意，他们在意的是自己如何取得成功的那个过程，这些成功让他们审视自己，反省自己，不断地总结成功的经验。

这些经验常常让他们感到非常自豪，非常满足，他们把这些经验看作是一个成功者所必备的品质，他们也为自己拥有这种品质而骄傲，把它们视为自己个性魅力的表现。如果你能够恰如其分地打开他们的心扉，并满足他们的这种虚荣心的话，你也一定能够得到相应的回报。

试想，如果一个销售员，在面对这样一个客户，特别是这个客户还比较难缠的时候，如果能够另辟蹊径，从客户的人生经历入手，作为话题来与客户进行沟通，就能够得到该客户的强烈共鸣。客户会对销售员产生意想不到的好感，而且会不由自主地向其倾诉自己的坎坷而又丰富多彩的人生，甚至将其视为自己的知己来对待。那么，随后的推销工作也将会更容易进行。

第三，客户的兴趣爱好。掌握客户的兴趣爱好，往往能使销售员在无计可施、推销遇挫的情况下化被动为主动，这可以说是销售员的一个"撒手锏"。

对于销售员的喋喋不休、死缠烂打，客户往往会感到非常厌烦，但是，如果你的言谈能够恰好切中他们的兴趣爱好，那么就会收到意想不到的效果。尤其是当客户在事业遭遇挫折时，他们需要的更多的是心灵上的安慰，需要一个真心的能够读懂他、理解他真实内心的人和他轻松地不带任何功利性质地交谈。

这时如果销售员能以"走曲线"的方式，以客户的兴趣爱好所在为话题，往往就能够很轻松地深入客户的内心，赢得顾客的信任和好感，那么推销的成功也就是早晚的事情了。

第四，客户的社会贡献。从更高的层面上讲，每个人都追求自己的人生价值，社会价值是人生价值的组成部分。一个人对社会的有用性就是一个人的社会价值，它指的是个人为社会创造的财富，以满足他人的需要。一个人价值的大小主要是由他的社会价值来衡量的，作为你的客户，无论他们是商人、教师、公务员，还是公司职员，无一例外都会关心自身的社会价值。

比如，当你面对一个成功的大商人时，你夸他这辈子拥有多少财富，享受了多少人享受不到的物质，出尽了风头，他未必会买你的账，甚至还会将你看作一个阿谀奉承之徒对你敬而远之。

但是如果你能强调他的社会价值，将他为社会所作的贡献如数家珍，如为"希望工程"捐了多少款，抚养了若干孤儿并培养他们成才，或者经常参加慈善机构的慈善义捐等，这样的话你就满足了他们的心理需求，就会换来他们的好感，从而你也会得到他们的信任，拉近与他们的距离。

学会分析客户的需求

销售人员了解了自己是属于什么模式的销售方式，熟悉了产品之后。接下来便要寻找销售对象，了解客户是什么类型，他们迫切需要些什么，他们的支付能力如何。要像了解自己产品一样了解客户，熟悉客户的需求。

了解客户应从客户的购买需求、支付能力和购买决策权三个方面进行。

首先，客户的购买需求在哪里。分析客户需求，首先要了解客户想得到什么。这需要了解他们的人生观、世界观、价值观。一个人的需求是随时代而改变的。比如，在 20 世纪 80 年代，人们以花多一些的钱买东西为荣，因为这表示购买者有这个经济实力。而在 20 世纪 90 年代，人们却以花较少的钱买东西而自豪，因为这表示购买者的谈判能力很强。

客户是否存在需求，是销售能否成功的关键。客户的购买需求既多种多样，又千变万化，同时，客户需求又是极富弹性的，因此，要想准确把握销售对象的购买要求，并非轻而易举。如果销售对象根本就不需要所推销的产品或服务，那么，其销售肯定就是做无用功。

但在现实生活中确实存在有些销售人员通过软硬兼施的手段，把产品卖给了无实际需要的客户的现象，但这种带有欺骗性的硬性或软性销售方式，败坏销售信誉，应予以坚决反对。通常分析客户需求主要围绕是否需要、何时需要、需要多少三个问题而进行。

如果销售人员确认某特定对象不具有购买需求，或者发现自己所销售的产品或服务无益于某一特定对象，不能适应其实际需要，不能帮其解决任何实际问题，就不应该再向其进行推销。而一旦确信客户存在需要且存在购买的可能性，自己所销售的产品或服务有益于客户，有助于解决他的某种实际问题，则应该信心百倍地去销售，而不应有丝毫犹豫和等待，以免错失良机。

作为销售人员，一定要明白现代销售工作就是要探求和创造需求。随着科学技术的飞速发展和新产品的大量问世，有许多未被消费者认识，即客户中也存在着大量未被认识的需求。另外，客户中还存在着出于某种原因暂时不准备购买的情况。对属于这两类情况的客户，销售人员要大胆探求和创造客户需求，要善于开拓，透过现象看实质，去发掘客户的潜在需求。

其次，客户的支付能力有多强。在市场经济条件下，只有具有支付能力的需求才构成现实的市场需求。因此，在对客户购买需求进行鉴定的同时，必须对其支付能力进行鉴定。

客户支付能力可分为现有支付能力和潜在支付能力两类。现有支付能力，指既具有购买需求又具备支付能力的客户，是最理想的销售对象。其次，应注意对客户潜在支付能力的鉴定。一味强调现有支付能力，不利于销售局面的开拓，掌握客户的潜在支付能力，可以为销售提供更为广阔的市场。

当客户具有潜在支付能力并有很好的信誉时，销售人员可以主动协助客户解决支付能力问题。要准确地鉴定客户的支付能力并不是一件容易的事，因为绝大多数客户不愿向别人透露自己的财力状况，因此，要搞好客户支付能力鉴定，销售人员需要通过对客户收入水平、家庭人口或生产规模、经营状况等情况的调查去推断其支付能力。

当然，销售人员应该多个方法同时使用，综合分析，这样就可以相对准确地判断出客户的购买能力，为下一步的销售打下坚实的基础。

了解竞争对手的情况

销售工作可以说是一种与顾客的心理交锋和语言交锋，作为商家市场前锋的销售人员，他们一方面是在和顾客进行正面交锋，另外，也要和不在场的竞争对手进行较量。销售人员必须要在推销之前，对他所面对的顾客和他的竞争对手进行调查，尽可能获取二者的有效的详细的信息。

前文我们已经提到了获取顾客个人信息的重要性，而获取竞争对手的相关情况则能够使销售人员在和顾客沟通时更加从容不迫、游刃有余，并根据自己所掌握的情况去说服顾客。

在与销售人员沟通的过程中，一些有经验的顾客往往会提及竞争对手的情况，诸如质量、价格、性能或者营销方式等。作为销售人员，如果此时对竞争对手一无所知的话，那么就很可能被客户"诈住"，从而显得很被动；况且有时候，对于竞争对手的情况，一些客户确实了解得比销售人员更清楚，而且他所讲的情况也都正确。在这种情况下，如果销售人员对竞争对手缺乏了解，又不肯作出任何让步的话，那么很可能就会因此错失达成交易的良机。

因此，对竞争对手相关情况的准确把握，其重要性对销售人员来说是不言而喻的。但是，对竞争对手情况的掌握绝不是指要了解对手方方面面的每一个细节，而是应该有所侧重。那么，我们应该怎样去了解竞争对手呢？应该去掌握竞争对手的哪些信息呢？

第一，了解竞争对手产品的质量、性能数据。掌握竞争对手产品的质量、性能数据，并把它们在适当的时候亮出来，作为说服顾客的筹码，就能够在顾客怀疑、犹豫不决的时候，给他们吃上一颗定心丸。

在当今的市场经济条件下，各种商品层出不穷，商家的竞争手段也变化多端。而顾客面对琳琅满目的商品也难免会眼花缭乱，不知该如何选择，但他们都懂得在作出购买决定之前要"货比三家"。

在这种消费心理的影响之下，可以说是为销售人员的工作增加了难度。但办法都是人想出来的，遇见难题想办法是每一个具有开拓进取精神的销售人员所必须具备的素质之一。

当你的产品优于竞争对手的产品时，销售人员往往就处于主动地位，但是顾客一般怀着"货比三家"的心理购买产品，而且还往往会由于"这山望着那山高"的心态而犹豫不决，而且很可能会故意抬出竞争对手的产品的性能、质量如何好。

倘若销售人员此时对竞争对手的产品不够了解，就会处于非常被动的地位，而且在很多情况下，顾客都是出于本能故意贬低你的产品而抬高竞争对手的质量，目的是以此来胁迫你降价；当竞争对手的产品性能不如你的产品的时候，其产品的价格也往往会低很多，当顾客不了解这种情况的时候，往往会以为你"狮子大开口"，是在漫天要价。在这种情况下，要想有效地消除顾客的误解，并说服他们接受你的产品。

销售人员就应该帮顾客分析对方产品的性能优劣和自己产品的特性，对二者进行客观的对比分析，让顾客自己来最后决定，而要做到这些同样需要建立在对竞争对手产品质量、性能数据详细了解的基础之上。

第二，了解竞争对手的产品价格。这对于销售的成功同样具有非常重要的作用。顾客在进行购买行为时，是要"货比三家"的，在双方接触的过程中，即使顾客相信了你的产品的性能优、质量好，但他们在购买之前还会有疑虑，会不会有别的产品在质量同等的条件下价格更合理呢？

在面对这种对价格犹豫不决的客户，销售人员一定要有耐心，要对他们的这种顾虑表示理解，切不可操之过急，更不能回避这个问题。当然要坦然面对顾客的质疑，就需要对竞争对手的同类产品的价格有详细的了解，只有这样，才能在面对犹豫不决的顾客时，见机行事，灵活地控制局面并适时调整自己产品的价格，以促成交易。

第三，掌握竞争对手的市场运作方式。在熟悉了竞争对手的产品性能、质量和效用后，必须衡量自己和对方的价格；那么在考虑了价格并且使自己产品价格达到合理化以后，还要弄清楚自己的竞争对手的产品销售、操作、运营等市场运作方式。

产品的市场运作方式在某些时候往往直接决定客户是否接受你的产品。当你的产品的市场运作方式不符合客户的需求的时候，哪怕你的产品性能再好、价格再合理，但是客户觉得不适合自己，也有可能因此拒绝你的产品。

但如果你能够对竞争对手的市场运作方式有一个较为准确的了解，并适时调整自己产品的市场策略的话，那么很可能就会让你销售工作取得重大突破。

刘先生是一家国产品牌润滑油代理销售公司的销售员，有一次，他经过一家汽车修配厂，发现这家汽车修配厂所处的地理位置非常好，临近主要的交通干线，来往车辆络绎不绝，生意相当红火。于是，刘先生就想将这家修配厂发展为自己的客户。他仔细观察后发现，原来这家修配厂已经打上了另一个外资品牌A牌润滑油的大招牌，而且货架上还零星地摆着其他几个品牌，可以看出A牌是重点推介的品牌，各种型号的都有。

刘先生了解到这种情况后，并没有贸然行动。他决定先探听一下A品牌的情况，很快他就从旁边的商家那里得知了相关情况，原来那个汽车修配厂代理A品牌的润滑油已经有将近两年的时间了，因为是A牌润滑油的销售公司给他们免费制作了那块竖立在外面的大型招牌，他们既替这家汽车修配厂做了宣传，又扩大了自己产品的影响力度，附近几条交通干线上行驶的车辆都能看见它，也给汽车修配厂招来了生意，因此双方皆大欢喜，合作得一直都很好。

根据掌握的情况，刘先生及时返回公司进行了汇报，并据此向公司提出了更具吸引力的销售方案，这种极具针对性的市场推广方案很快得到了公司的批准。于是，刘先生带着新的销售方案再次来到了这家修配厂，只不过这次他更加胸有成竹了。

刘先生："老板您好！我想向你介绍一下我们的产品。我是 B 牌润滑油代理销售公司的销售员。"

老板："哦，可是我这里一直代理的都是 A 牌的润滑油，外面的大招牌相信你也看到了，另外还有其他几个国外品牌的，顾客也比较信得过国外的品牌。"

刘先生："如果我没有说错的话，你们销售 A 牌的产品就是因为这块招牌，还有就是价格上的优惠。您答应他们至少悬挂两年。"

老板："是的，我们是有约在先的，而且他们的优惠条件也是很吸引人的。再说也都是老客户了。"

刘先生："如果我们给予你同样的优惠，再免费为你们制作两块特大招牌，并且每块招牌每年再给你们 1000 元的电费，你看怎么样？"

老板（暗喜，不动声色）："让我想想。"

刘先生（趁热打铁）："据我所知，你这目前的块招牌是免费的，可是我们不但免费，而且预备做得更大并且每年出 2000 元的电费，外加照明灯，这也是为你们做的宣传，上面也写着贵厂的厂名和联系方式啊。"

老板（心动）："好吧，我这块招牌也快过期，就依你的吧。"

就这样，汽车修配厂的老板与刘先生达成了协议，以后的货源都以 B 牌润滑油为主。

打造良好的销售形象

从事过销售工作的人应该都有这种体验，当外表邋遢、衣衫不整地去会见客户时，特别是前往一些高级场所时会更加觉得自己的形象很寒酸，往往就会导致底气不足，总感觉低人一等，说起话来也没有自信，发挥不了自己本来的水平，而且还很可能会因此而对自己的推销工作产生消极影响。

著名的保险推销大师弗兰克·贝特格曾经说过："虽然不能以貌取人，但着装的作用是显而易见的——获得自信。试着穿得体面一些，你会发现他人对你的信任感明显地增加。这种方法非常适用，会让你看起来是最棒的。"

外表是销售人员展现给顾客的第一印象，一个衣冠整洁的销售员和一个衣衫不整的销售员来到顾客面前，毫无疑问，顾客必然会对那个衣冠整洁的销售员产生良好的印象，这也是人之常情。

注意外表对销售人员来说是相当重要的，为什么要如此注重外表呢？

第一，良好的形象可以增加自信，这是毋庸置疑的。相信每个人都有过这样的体会，当你走进一家豪华的酒店，走进大型的时尚精品商店；当你参加一个非常豪华宴会的时候，如果你的衣着入时，看起来衣冠楚楚，那么就会使你在无形中感到一种自信，进而就会在这些场合进行较为大方自然的言谈举止，显得潇洒自如。

相反，如果你穿着很随便，甚至不整洁，头发凌乱，衣服搭配很不协调，这个时候，周围的人就会对你投以异样的眼光，你自然也会感到非常尴尬，而你的自信也会随之一落千丈。

形象非常重要，对于销售人员来说就更是如此了，他们每时每刻都要准备出现在类似这样正式的场合，更重要的是，他要面对许多重要的人，如大公司的老板、政府部门的领导人、名人等，总而言之，他要接触各行各业的人，所以形象对于他来说十分重要。整洁的仪表可以增加他的自信，使得他在面对这些人的时候可以消除、至少能够减少内心的紧张和恐惧不安。

第二，良好的形象能够获得顾客的信任与重视。对于销售人员来讲，他的知识水平和口才理所当然地对他的推销起着决定性的作用，因为一个人的内在价值和个性气质才是我们评判一个人的重要尺度。但是，这些东西更多是隐性的，别人一时很难发现。那么，销售人员如何在较短的时间内给顾客留下直接的、深刻的印象呢？那就需要依靠外表与形象。

第三，我国有句俗话："人靠衣装，佛靠金装。"销售员是否能够得到顾客的认可，受到他们的尊重和好感，基本上在顾客扫向销售员的第一眼时就确定了。很显然，一位着装整洁、穿戴整齐的销售员更能够赢得顾客重视、信任与好感，而一个着装邋遢、杂乱的销售员，则很容易让顾客感到厌烦。

既然外表如此重要，那么销售人员应该如何来注意自己的形象呢？关键是要做到以下几点。

第一，外表要整洁。包括衣服的整洁，比如勤换、勤洗衣服。还包括对服装的打理，如经常熨烫。同时，还要注意个人卫生。

要常理发。尤其是男性，很难想象一个长发的男性销售员站在顾客面前，尤其是站在公司的老总或者某个部门的重要人物面前的滑稽样子。

天天刮胡子。胡子是一个成熟男人的标志，但是作为一个销售员，建议最好还是刮掉胡子，因为光洁的下巴会让你显得更加年轻而且有朝气和充满激情。

第二，服装搭配要协调。对销售人员来讲，最标准的服装搭配应该是：

春秋季节是西装；夏天是西裤配衬衣；冬天可以在西装外套一件外套，但是见顾客的时候最好要脱掉外套。另外，在进行服装的搭配上，要注意以下几点要求：

注意对西服的选择。西服的款式要与自己的个性特征相符合。从颜色上讲，西服有蓝、黑、灰三大色调。从面料上讲，西服的面料有带条纹的面料和不带任何花纹的面料。一般在正式的推销场合，应该着深色西装。

要注意里面的衬衣与西服颜色的搭配。一般以白色或者浅蓝色的衬衣为佳，最好要避免那些颜色过于鲜艳的衬衣，里面的衬衣过于鲜艳往往会"喧宾夺主"，让人第一眼就见到你鲜艳的衬衣而忽视你的外套。

领带的选择。领带最能体现一个男人的风格，那么作为一个销售人员如何选择自己的领带呢？销售员不宜选择很华丽、很鲜艳的领带，领带的颜色应该显得很庄重、内敛，这样能与你整个着装一起，体现你的庄重、严谨。

但是千万不要以为注意外表就一定要穿非常名贵的衣服，当然也不是完全不能穿，具体情况要根据自己的情况、所推销产品的情况及客户的情况来进行具体的选择。曾经有个销售员为了包装自己，身穿高档名牌西装，打着名家特别设计的领带，手上戴着金光闪闪的瑞士名表。结果当他见到客户的时候，客户却反而认为他华而不实，并据此怀疑他的公司是否也看重产品的外在包装而不重视质量。此外，他华贵的打扮让这位客户感到很可笑，客户认为自己作为一家大公司的总裁还从来没有他穿得那样名贵。最后婉言谢绝了该销售员。

培养一流的销售礼仪

销售人员在与顾客沟通时，一定要注意自己的语言礼仪。礼仪是一个人的学识、知识与教养的综合外在表现，一个不讲礼仪的销售人员很难得到顾客的尊重和好感，得不到顾客的尊重与好感，也就很难使顾客对你的产品产生兴趣。

语言是向客户有效传递信息的重要媒介，如果销售人员能准确掌握语言礼仪，那么在向客户推销时就能营造出愉快的交谈氛围，从而促使推销顺利进行。

销售人员要具备一流的语言礼仪应从几个方面加以注意。

第一，注意礼貌用语。出于工作性质的需要，几乎每一个销售人员都要常把这些词挂在嘴边："您好""对不起""抱歉""打扰""原谅""请""谢谢"。一个销售员如果把这些词滚瓜烂熟地挂在嘴边，那么这个销售员无论是否能够推销成功，起码他不至于被顾客认为没礼貌、没有修养而遭拒绝。

布朗先生在一次去一家大型服装公司推销产品的时候，总裁办公室的门虚掩着，当他推开总裁办公室的门的时候，居然发现几十双眼睛的目光向他扫来，有愤怒也有嘲弄。布朗先生看到这种情况，也为自己的鲁莽感觉到了歉意，但他很快就镇静了下来："尊敬的先生们，很抱歉打扰诸位了，请原谅我的鲁莽。因为可能诸位在思考，所以外面听来没有任何声音，而门虚掩着，所以我就冒昧地推门进来了，请原谅，我本应该敲门，但是我害怕会打断总裁先生的思路……"奇怪的是，听了他说的话，总裁先生根本没有生气，反而说："布朗先生，请原谅，恐怕你得等十几分钟，我们的会议因为特殊情况而延长了，抱歉的应该是我。"

布朗打断了客户的会议，但是他很快就恢复了镇静，并且礼貌地向与会人员作出了得体的解释。这样，就赢得了大家的理解与好感，连总裁先生都风趣地向他表示道歉。由此可见，礼貌用语与话语得体非常重要。

第二，具有魅力的谈吐。销售人员在与客户交谈时要时刻注意自己的语言礼仪，言谈举止要大方得体，不卑不亢，给客户以亲切、舒适的感觉。

具体说来，销售人员在与客户沟通的过程中要做到四点。

（1）表达要清晰。在与客户的沟通过程中，由于时间关系，销售人员往往一开始就要通过谈话来表明自己的来意。这就要求销售人员在说话前周密考虑话题所涉及的内容和背景，对方的特点以及时间、场景等因素。然后用洪亮有力的声音，简练的语言，清晰的表达，让客户迅速而准确地了解你的推销内容。

（2）保持语调自然。说话的语调对推销工作也有很大的影响。优秀的销售员之所以能够博取客户的好感，除了其谈话内容较为精辟、言辞较为美妙之外，其语调、节奏、音量通常情况下也都运用得恰到好处。因此，销售人员在说话时要做到：说话声音平稳轻柔，速度适中，注意抑扬顿挫，多用疑问或商讨语气，说话时喉部放松，不用鼻腔说话，尽量减少尖音，消除口头禅等。

（3）营造融洽氛围。在与客户沟通之初，销售员真诚的问候、自然的表情、亲切的语言是营造一个融洽气氛的关键因素。沟通过程中，销售员可以运用适当的赞美、客户感兴趣的话题等来营造一种愉快和谐的谈话氛围，为达到谈话效果可配合使用适度的手势，总之要使双方都感到这次谈话是令人愉快的。

（4）保持适当的距离。销售人员在与客户交谈时一定要养成良好的习惯，举止要大方，同时与对方保持一个适当的距离。如果与客户离得过近，超越了社交中正常的距离，就会显得很不礼貌；如果过远的话，销售人员和客户说话的声音不能很好地传递，就会给客户一种胆怯、没有经验的感觉。

此外，正确的语言礼仪还要求销售人员要避免在交谈中出现一些不良的习惯动作，如：挠后脑勺，不停地摆弄东西等。对于那些用手挖鼻孔或挖耳朵，或揉一揉鼻子等一些不雅的动作就更应该避免出现了。

第三，有目的地倾听。倾听也是语言礼仪当中的基本要求。在与客户沟通的过程中，时刻注意倾听客户，让他们充分地表达出自己的想法，这样也能够更好地了解客户的需求，对推销工作自然十分有益，如果双方交谈的问题较为复杂，那么倾听就显得更加重要了。

相反，如果销售员只顾不停地向客户介绍产品，不管对方喜欢不喜欢听，或者不能耐心听客户的意见，经常插话，就会打断客户的思路，容易引起对方的反感。

出门必备的三个法宝

很多优秀的销售员确实拥有过人的本领，他们工作努力不懈，活力充沛，专业和其他方面的知识都具备，但就是登不上推销高手之列。是不是该更努力工作、更有活力、再充实知识才行？

答案是否定的！埋头苦干很重要，但这些做到位了并非就能登上推销高手的宝座。成为推销高手，还需要杰出的社交沟通能力以及表演的天分。

必须拥有能激发别人兴致的能力。推销高手深知：成功的因素中，激起客户的兴趣最为重要。先为自己奠下了根深蒂固、不可摇撼的快乐人生观，其他诸如意志、能力等特性几乎就不寻自来，连强烈的自信心也一样油然而生。

拥有快乐的人生观，你就根本不会瞻前顾后，因为你有坚定的意志，有能力有求知欲，对什么都兴趣盎然，面对别人自信十足。你会自然而然地对周围的人产生你想象不到的影响力。

推销高手，就某种意义而言，可以说是强有力的销售员。可是，他绝不会让人有压迫感。

推销高手会传递一种快乐进取的力量，因为他自己就像个源源不绝的快乐人生能源厂。他是一个具有极大生活乐趣的个体，发出的强烈热量足以照耀别人。

推销高手基于快乐人生观的第二个基本特征：杰出的社交沟通能力。他能够接纳别人，但不会因之改变自己的性格。他很明白自己是独一无二的，所以不必改变自己迁就别人。

常常看到训练新进销售员的资料里总会有某章节的标题写着：客户——你的对手。

请好好想想其后果：对手战败，在运动场上是成功，在生意上打败客户，则是灾难一桩。

用对手一词是贬抑性的字眼，会导致销售员采取不友善的手法打败对手。

很多在刚开始时表现优秀的销售员，不久就达到了极限，无法再有进展了，原因就在这里。

推销高手当然明白，客户也希望成为胜利的一方。推销高手会发挥他的沟通技巧，以尊敬与友善的态度面对客户。干练的推销高手能让客户充分体会到他这份内心的情感，以至于客户在最后缔约阶段甚至会反过来跟他站在同一阵线。

因为，只有买卖双方赢，才能建立长期的业务往来，才能被客户广为宣传，达到超水准的成功。

其实，这是个简单的常识，可是，每天都会有销售员一再犯这个错误。

一般的销售员想取胜，而推销高手要赢。重点不只在于"要"和"想"的不同，推销高手的杰出，在于一个"赢"字。不要误会：这个"赢"字表示"赢得客户，让客户欣然同意推销高手在交易上的建议"。

果真如此，推销高手就交到一个朋友。因为这意味着客户签这个约是出自内心的肯定，他甚至对推销高手心怀感激。所以客户也是赢家。

这样双赢的情况，不是比打败或击倒对手更好、关系更持久有效吗？

认清自我有助发展

销售员经过一段推销时间后，可能受到主管或同事的影响或是销售产品特性的影响，往往让自己的推销不自觉地走向一个固定的模式。虽然没有一位销售员是100%属于一种模式，但是他可能会偏向于某种模式。销售员的模式可分为5个类型。

1. 权威型

此类型的销售员，主观地认为客户懂得没有他多，没有他专业，甚至对客户提出的问题采取讥笑的态度，以标榜自己的权威。如果有客户表示不愿意购买，这类型的销售员也许会说客户不识好歹。

此类型销售员的特征是他不会去观察客户的需求，喜欢用智者的口吻，指点客户应该怎么做才是正确的，有如老师指导小学生一样。

权威型的推销由于不是充分了解客户需求再推销，因此很难和客户维持较长远、较深的关系，无法扩大客户的需求而进行更多的交易。特别是目前的社会，信息非常发达，一些专业采购人员的素质也很高，相信这类专业采购人员，并不喜欢面对这种"指点江山"式的推销方式。

2. 低价导向型

此类型的销售员只能推销具有价格优势的产品，他们认为价格是推销成败的最主要因素，任何推销失败的结果都会归咎于价格竞争力的缺乏。

此类型的销售员，最大的问题是他们很少有一些成功的经验，他们并不知道大多数的客户只要你能满足他们高品质的需求，就愿意支付高价钱。

低价型销售员的业绩好坏，往往不是决定于自己的推销能力，而是由公司能否推出有价格竞争力的产品。因此，这类型的销售员的命运不是掌握在自己的手中，而是掌握在产品的价格因素上。

3. 人际型

此类型的销售员相信只要关系搞好，其他都是次要的。

的确，当今社会人际关系微妙复杂，国内许多的生意，特别是金额庞大的交易，没有关系根本无法进行，关系的重要性是毋庸赘言的。但是你有关系，别人也有门路，因此，"关系"只是交易的起步，真正的胜负还是要靠销售员其他方面的能力。所以只凭关系的销售员，仍然无法做好推销工作。

人际型的销售员过分注重与客户的关系，往往对客户的需求了解不够彻底。只凭着关系拿到订单后，若是客户在使用上不能得到充分的满足，引起抱怨，也会妨碍到与客户的长期关系。

日本一位知名的企业家说："公司的业绩能力是什么呢？公司的业绩就是我们与客户建立的关系。"因此，人际型的销售员，除了要能注重人际关系外，还应致力于提供客户最适当的产品与服务，才能与客户建立长期稳定的关系。

4. 被动型

此类型的销售员认为客户有需要自然会主动购买。因此，他不会主动地去发觉客户的需求，不会主动地告诉客户自己的产品和竞争品牌有何差异，完全以被动的方式等待客户购买。这种类型的销售员，在定点销售的场所最容易看到。

当然，一些已经知道自己的需求、确定自己要购买什么的客户，看到想要的东西会立刻成交，但是绝大多数客户的需求都不是很明确的。销售员的工作不就是协助客户确定自己的需求、满足客户的需求吗？因此，过于被动的销售员往往会坐失许多机会。

5. 问题解决型

此类型的销售员让客户觉得是可以信赖的，他能解决客户的问题及满足客户的需求。

此类型的销售员让客户感觉他是来帮助我的，他帮助我找出我真正的需求，我听从了他的建议，让我能很高兴地做一个正确的决定，让我很满意我能从购买的产品上得到许多我想要得到的利益。这就是问题解决型的销售员给客户们的感受。

以上5种类型的销售员，在面对不同的产品、不同的客户、不同的状况下，都有可能达成成交的目的。根据一位从事推销训练工作20余年的专家研究，虽然每一位销售员都不可能是100%属于某一类型，但他长期观察的结果是：问题解决型的销售员最能获得稳定的业绩。带给他们稳定的最大原因是，他们每月业绩中几乎有50%以上都是由以前客户再购买或由这些客户介绍其他客户而来的。

从事推销工作的你可以反省一下，在自己平常的推销工作中，表现出的行为举止到底倾向于那一种类型。就如卡耐基的第二道"隐蔽的窗户"，你可以不告诉别人，但你不能欺骗自己。所以你先认清自己的真面目，最终的目标当然是能朝问题解决型的销售员迈进。

如何应对前台阻挠

对于初入行业的新手，最先遇到的"拦路虎"大部分都是保安、前台小姐、秘书等，他们像一道道防火墙，让你难以靠近，有些时候，甚至根本无法窥见客户的庐山真容，推进业务更是无从谈起。但是，每一位销售员都是从攻克他们开始起步的，很大部分推销行业的"逃兵"都阵亡在前台或保安室，余下的人们继续战斗。

正如有的客户对销售员怀有强烈戒心一样，同样的，有的销售员对于这些挡驾者也抱着一种敌对心理，认为他们仅仅是一种障碍，是一群不友好的人。不过这怨不得谁，如果你是客户，你愿意整天陷于无谓的接洽中吗？

有一位穿红毛衣的小伙子垂头丧气地坐在一家公司的大厅，正好一位推销的前辈路过，便和他搭起讪来："你是来推销产品的吗？"

小伙子说："是呀，你怎么知道？"

前辈笑着问："那你怎么坐在这里不进去？"

"不知道呀，我总是被前台拦住"，小伙子郁闷地说。

他手指房顶，说他打算去拜访楼上的英特尔公司，却不知道采购部经理的姓名和联系方式。那位前辈掏出手机查到英特尔的电话，接通后用英文让总机小姐帮我转采购部的 Helen。

英特尔公司的总机小姐困惑地说："我们采购部有 Helen 吗？"

前辈继续用英文说："就是负责办公用品的 Helen 啊。"

总机肯定地说："我们负责办公用品的叫 Linda，采购部肯定没有 Helen。"

前辈知道 Linda 负责采购办公用品，便说："对不起，搞错了。"

小伙子跟着前辈上了楼，来到英特尔前台。

前辈对前台小姐说："请帮我打个电话，我约了采购部的 Linda。"

前台小姐看了一眼，我向她笑笑，便将他们请到会议室里，还给他们倒杯咖啡，然后去打电话叫 Linda 了。

这位新手是个有心人，见完客户后告诉前辈，高兴地说卖出去了五百把裁纸刀。

前辈问："前台为什么让我进去，却不让你进去呢？"

小伙子说："你那么大的架势，她能不让你见吗？"

前辈告诉他："如果你瞧不起自己，就永远不要指望别人瞧得起你。"

当然这也是一个关于一个人的气场的故事，但是这个故事也告诉我们，挡驾者并非十恶不赦的破坏者，只要相信自己，然后用一定的方法，就可以顺利得到他们的帮助了。

前台、保安或者秘书，作为企业的"防火墙"，首先不是不可攻克的，只要不卑不亢，又给予他们足够的尊重，再辅以一定的策划，必然能够让他们站到你的立场上来，甚至对你给予重要的帮助。

1. 亲切，亲切，再亲切。直接称呼他们的姓名职务，客客气气地对待他们，适当发表一下感谢如："张秘书，谢谢你，请帮我转一下王总可以吗？"；

2. 在他的领导前面，多提及他们，让他们参与到你的业务中来；

3. 空城计：如果前台，或者秘书盘问你是谁，有何贵干的时候，不妨以："这事不好对你说""这是我和你们老板的私事""我必须和王总当面说"，这就给前台造成一个错觉，误认为你是老板的熟人，因此不敢过度阻拦；

4. 太极拳：总机问："你有何贵干？"你回答："我只是回他电话，所以我也不知道他找我有什么事"；

5.打时间差：在前台或秘书吃饭或休息的时候，抓住空档与客户直接沟通；

6.泰山压顶：找到高层人员，他们一般都比较温和有礼，会告诉你找谁，然后你再通过他的话去"指示"前台；

7.坚持就是胜利：坚持不懈地要对方转电话，其他的一概不答，让对方感觉到你的韧性，在一种怕麻烦的心态下帮你转电话；

8.借助权威：打电话是有必须有强大的自信心，让对方感受到你来头不小，因此而不敢怠慢。

有时候，即便销售员使尽全力，挡驾者未必领情，你仍然有可能被一些推辞之辞拒之门外，怎么办？是放弃，还是继续？答案当然是继续，但是别相信那一套推辞之词，而是采对相应的对策，击溃对方的话语，为自己进一步接近目标客户创造机会。根据常见的一些推辞之词，可以采取相应的话术予以解决。

对方："留下你的电话号码，待会儿我们回复"或"经理在开会，我不知道什么时候结束。"

销售员：如果相信他会主动回复，并且焦急等待的时候，对方可能早已将你的事忘在九霄云外去了。当然，经理也有可能真在开会，但也未必。不管怎么说，在这个时候为自己留一条后路很重要。你可以问："什么时候才能找到经理。"如果对方依然在应付你，就晚点再说。总之一定要坚持。

对方："老板没有时间"或"他在开会。"

销售员："最好在什么时候来电才能联络上他？""我们暂且定下会谈时间，即使老板不同意也可以取消。"

对方："那你发份传真过来吧。"

建议销售员采取 E-mail 的形式。发 E-mail 的话可以得知老板的电子邮箱，这是非常有用的，因为他能直接收到信息，只要他感兴趣的话就可立即给你回电话。

对方："把你的产品目录寄来看看。"

建议销售员此时应要求亲自去公司。

对方："今年的预算满了。"

销售员最好回复搞清下期的计划和预算什么时间，到时候再来联系。

对方："我们公司不需要或不喜欢这种东西。"

销售员此时要试着询问对方是否在用其他竞争对手的产品。进一步探询，他不喜欢该产品的原因，然后说出你的产品信息（新产品、价目表、新的服务等）。这样即使是最坏的结果，你也能很快获得一个被选择的机会。

对客户的初步判断

我们必须对自己的上帝——客户有所有了解，我们需要把客户的性格、行业、年龄、爱好等与其有关的情况弄清楚。

一般来说，我们可以从客户的穿着、办公环境、说话方式、表情习惯中揣测出一些端倪。

观察客户，首先要观察他的穿戴。因为"服饰写满一个人的社会符号。"从一个人的穿着，人们就能看出他的个性特征、品位、经济能力、社会地位、教育程度等。因此销售员要善于从客户的穿戴上发现有价值的信息。首先，他的着装风格如何？是西装革履还是休闲惬意？一般来说，穿着随意的人也讨厌拘束，讨厌形式，他们喜欢自然而轻松的谈话，与他们交谈如沐春风。而穿着正式的人往往做事严谨，对等级身份看得比较重，所以你的态度也必须庄重些，不要嬉皮笑脸，以免让他觉得你轻浮而不可靠。

其次，他的衣着是否名贵？如果客户衣着名贵，最少能证明一件事情，这是一个有身份有地位的人。一般来说他们对自己和他人的要求都比较高，而且多数对于销售员的业务成败具有决定性的权力。多赞美他们，拉近与他们的心理距离是一件非常明智的事情。

对于衣着朴素的人一定要仔细观察，不以名贵与否作为唯一的参考。有一些身居高位的人，比如一个团体和企业的核心和灵魂人物，他们不需要穿着来约束自己或者证明自己，他们本身已经很有社会声望，而且阅历丰富，深藏不露，看起来平易近人。但和他们打交道，一定要小心、虚心、诚心、专心。因为在你看穿他们之前，他们早已看穿了你。

曾经有一天，一位私人货运公司的守货员无所事事地坐在客户托运的货物上，按照公司规定，这种行为足够被辞退，可是天气炎热，货场空荡荡的，所以，守货员觉得一切很安全。这时走来一位衣着朴素，没穿外套，穿着一双皱巴巴皮鞋的中年人，上前就把他拉了下来，守货员一怒之下就同这位中年人殴打起来。结果，当然他也没被开除，可是当他知道和他争执的中年人就是那位集团董事长的时候，他悄悄地不辞而别了。

还有一些其貌不扬的人，这样的人应该说是大多数，虽然他们不是推销业务的最终决策者，但他们的一言一行却可能影响决策，因此，对这些人也应该以礼相待。有句俗话说："十人栽树，不如一人毁苗"，尽管有很多人对你和你的产品赞美有加，但就算是不起眼的小人物提出产品的一个缺点，那么交易也不容易达成。

办公室是除了家庭之外，每个人待的时间最多的地方，所以大多数人会将办公室打上自己的烙印，比如一尊雕塑，一幅书画，或者奖杯锦旗之类。对于陈放艺术品的人，他们一般都有一些艺术修养。

如果你能在这上面与他有所交流，并且对他的观点和水平持积极的评价，他会把你看作有素养的销售员，而对你有特别的好感。如果放的是一些奖杯什么的，那主人一般都比较喜欢得到崇拜和夸赞，甚至你不需要懂得多少他的成就，只需要做一位专心的听众就行了，当然不要忘了随时说几声："××，你太牛了""厉害厉害。"

办公桌布置得井井有条，一尘不染者理性，其主人一般比较中庸，不喜欢变化。与他们接触，跟着他们的步调行事就可以了，这类人在见你的时候，都把一二三想得清清楚楚，所以要由他掌握主动权。

如果办公桌上杂乱无章，说明这些人感性、自由，所以销售员不要太正式，他们不喜欢一本正经地和你谈事情，你也不能给他们留下刻板的印象。对于桌子上放亲人照片的人，千万不要耽误他们回家和亲人相聚的时间，否则他们会开始不耐烦，如果你能适度的关照他的家人和朋友，你一定有回报的。

除了观察客户的办公室外，还可以通过观察客户说话的方式来了解客户。因为言为心声，销售员可以从客户的话语中判断客户的性格、洞察他的真实意图等。说话方式滔滔不绝者健谈、外向，有很强的表现欲，你可以积极响应；沉默少语者容易提出关键问题，销售员要尽量减少语言中的失误，防止授之以柄；常以"我"字开头的，掌控欲强，自我评价高。

对于经常以"我们"开头的客户，你必须掌握主动，因为他们个性中庸，要活在一个团体中才感受得到自己的价值。销售员必须提出来，他们才会去办；对于经常以"某某说过"开头的客户，他们可能缺乏主见和自信，他们不敢表达自己的真实观点，或者表达出来，会借用他人之口，销售员要善于分析和提取他们自己的意见，让他们认可。

最后，观察客户，也可以观察他们的表情，因为除了政治家有一张扑克牌脸之外，真正喜怒不形于色的修炼高手并不多见，多数客户的脸色是可以观察的。在实际工作中，我们会发现这么一些眼神。

第一种，回避型眼神，出现这种眼神的原因有可能是客户没把销售员放在眼里或者客户感到害羞。无论哪种情况，你都可以通过尊称他的名字，引起他的注意，而后继续观察；第二种眼神是俯视型眼神，这种眼神代表着客户占据主导地位，有支配欲，你可以挺直腰身，不要给他一种压垮的感觉；第三种眼神是游移型眼神，表明客户对你有兴趣，正揣摩你，你可以把他们的兴趣拉到产品上；第四种眼神是看天型眼神，表明客户不屑你的谈话，你应该找到可以吸引他的东西；另外，还有一种面无表情型客户，这种表情语言表示客户拿架子或者没听你的，你应该找准心理防线。

使用第一眼观察法，应该注意：不可过分执着于察言观色，而忘记整体把握；不可以有色眼镜去观察；要相信，客户的水平有可能比你高。

第七章　精准挖掘潜在客户

生活之中每个地方都存在着潜在的客户。客户是推销人员的上帝。如何寻找、挖掘潜在客户，是推销过程不容忽视的重要一步。在激烈的市场竞争中，拥有一套开发客户的技巧，轻易地获得稳定的客户源，是十分必要的。不管哪一行业的营销员都有其共通性，即皆以准客户的多寡来决定业绩的好坏。其中准客户的优劣又往往和市场开拓有关，因此具备"选人"的眼光，也是成为一流营销员的条件之一。

找准客户须注意的五个条件

销售员在寻找潜在客户时，应该注意以下的五种条件，确保在推销产品的过程中不走弯路。

1. 谁有购买决定权

在推销过程开始前，要和客户先确定一件事：要确定你是否和有决定权的人在说话，即你谈话的对象是不是具有购买决定权的人。每当你打电话到一家公司的时候，你必须经由他们的接待员决定你所找的人是不是具有购买决定权的人，当你见到或和这位潜在客户说话时，你可以直接问他，是否他是那个具有购买决定权的人，如果客户告诉你他不是的时候，那么你应该求得进一步的信息来见到那位具有购买决定权的人。如果你一开始就找错了人，那么再好的销售行为也不可能产生好的结果。

2. 终极利益原理

你必须确定你所要告诉他的事情是他有兴趣的，或对他来讲是重要的。所以当你接触客户的时候，你所讲的第一句话，就应该让他知道你的产品和服务最终能给他带来哪些利益，而这些利益也是他真正需求和有兴趣的。

3.10 分钟原理

在你和客户谈话时，要清楚地告诉客户，你不会占用他太多的时间。现在的人都很忙，他们都很怕浪费时间，他们最怕一个业务员来告诉他一些不需要或不感兴趣的事而占去了他宝贵的时间。所以如果客户觉得你将会占用他太多的时间，从一开始他就会产生排斥感。

4. 确认你的约会

当你每次去拜访客户的前一天，或是出门前的一两个小时，你一定要打电话与客户确认你们之间的约会，这是一件非常重要的事，有时候客户可能会有突发情况而更改时间，但是他们并不会主动告诉你。

所以，永远记住在你赴约的前一天给客户打电话，和他确认你们之间的约会。许多业务员时常因为忘记这件事，而当他们兴致勃勃跑到客户那儿去的时候，发现客户根本不在办公室，或者客户正在跟别人洽谈事情。此时你不但错失了最佳的销售机会，也同时浪费了自己的时间。我们称这种情形为"无效率的营销"。

每当你打电话同客户确认约会时，如果客户告诉你，他因为临时有事而无法和你见面时，你马上要做的事情，就是和他确定好下一次见面的时间，在没有确定下一次见面的时间之前，你不应该把电话挂掉。

5. 能否电话行销

电话最能突破时间与空间的限制，是最经济、最有效率的开发客户的工具。您若能规定自己，找出时间每天至少打 5 次电话给新的客户，一年下来能增加 1500 个与准客户接触的机会。

当具备了以上五种条件后，才能避免寻找准客户的误区。但要想成功，只靠这些基础理论是不够的。

推销的基本原则一是坐在电话旁；二是行走在拜访的路上。要想成为一名出色的销售员，假若整天待在家里或是办公室里想着要如何开拓客户，如何说服她们，如何成交是没有用的。为此，想要成功，必须要采取行动。

俗话说，见面三分情，人与人之间如果有几分的熟悉，说起话来就亲切许多，尤其是中国人朴实的个性，注重感情交流，所以要想寻找到更多的客户源便是从勤于接触开始。

要说成功者和失败者最大的区别是什么，那就是成功者在失败者放弃的时候没有放弃，而是继续往前走了一小步，但就是这一小步导致了天壤之别。

要找准客户，勤奋才是最基础的条件。没有人天生就具有超乎常人的推销力，任何推销技巧都必须在付出的汗水中才能够理解和运用。

寻找准客户的五个基本方法

刚入行的销售员，首先要面对客户在哪里的问题？没有客户的积累，需要从头做起，这就需要有一定的找客户的方法，下面介绍五种寻找客户的基本方法以供参考。

1. 社交接近法

通过走近客户的社会交际圈接近客户。如客户加入健身俱乐部，销售员也加入；如客户加入了某社会团体，销售员也加入这一团体。这一方法的引申开来，比如在外地旅游碰到客户，即时接近客户，此时的交谈，不要开门见山地推销产品，而是尽量先与客户形成和谐有缘的人际关系。比如在车站、在商场、在农贸市场、在飞机上、在学校等公共场合，都是接近客户的好机会。

2. 利用事件法

把事件作为契机，并作为接近客户的理由。诸如庆典、酬宾、开业典礼、产品上市周年活动、客户的同学会、客户所在学校的校庆、各种节日与节日活动、奥运、高考、中考，甚至是自然灾害、危机事件等，都是接近客户的最好时机与素材，当然事先知道客户的资料背景以及社会偏好很重要。比如新销售员知道客户是××学校1998年毕业，他们正在筹划同学会，客户是当年同学中活跃分子。就可以以同学会为理由接近客户。比如医药行业经常召开学术研讨会，新医药代表就可以用会议邀请为由接近医生。

3. 服务接近法

销售员通过为客户提供有价值并符合客户需求的某项服务来接近客户。具体的方法包括：维修服务、信息服务、免费试用服务、咨询服务等。采用这种方法的关键在于服务应是客户所需要的，并与所销售的商品有关。比如，医药代表可以这样说，李老师，听王主任说，您最近正在研究××疾病的药物经济学问题，我这里带来了一些关于这方面的最新资料，我们花10分钟一起来探讨它，可以吗？

4. 他人介绍法

通过他人的帮助接近客户的方法是非常有效的方法。这一方法的背后是社会学中的熟识与喜爱原理，这个原理的意思是说，人们总是愿意答应自己熟识与喜爱的人提出的要求。采用这种方法接近客户的成功率高达 60% 以上。这个方法分为他人亲自引荐和他人间接引荐两种。他人间接引荐主要包括电话、名片、信函、便条等形式。

销售员拿着他人的间接介绍信物接近新客户时，需要注意谦虚，不要居高临下。也不要炫耀与介绍人之间的关系如何密切。可以以真诚的称赞客户本身的语言引出他人的介绍，比如：××老师说您是一个非常关心患者利益的好医生，他介绍我来拜访您，这里有他给您的一个便条。

5. 资料搜索法

资料搜索法是销售员通过搜索各种外部信息资料来识别潜在的客户以及客户信息。利用资料进行搜索的能力被专家称为搜商。搜商高的销售员，在没有见到客户之前，他就知道了客户绝大多数信息，如客户擅长的领域、客户的电子信箱、客户的生日、客户的籍贯、客户的毕业学校、客户的手机号码、客户的职务等。

不见其人，却知其人。根据其信息，设计好拜访提问的问句，注意拜访的细节以及开场白内容。还可以根据客户信息，初步判断客户的个性行为风格，为与客户见面，做到"一见钟情"埋下伏笔。搜索的工具很多：网上搜索、书报杂志搜索、专业杂志搜索等。

通过客户群开发潜在客户

对业务员来说，客户群是潜在客户的极佳来源。

在每位客户的背后，都大约站着 250 个人，这是与他关系比较亲近的人：

同事、邻居、亲戚、朋友。如果一个销售员在年初的一个星期里见到50个人，其中只要有两个客户对他的态度感到不愉快，到了年底，由于连锁反应，就可能有500个人不愿意和这个销售员打交道。

世界著名推销大师乔·吉拉德把这种现象称作"250法则"，由此得出结论：在任何情况下，都不要得罪哪怕一个客户。

在乔·吉拉德的推销生涯中，他每天都将250法则牢记在心，抱定生意至上的态度，时刻控制着自己的情绪，不因客户的刁难，或是不喜欢对方，或是自己心绪不佳等原因而怠慢客户。因为他始终觉得，你只要赶走一个客户，就等于赶走了潜在的250个客户。

对于初进推销行业的人来说，在适应环境的前提下还要建立属于自己的客户群。人际关系对于推销人员来说尤为重要。但是作为初进推销行业的人来说，人际关系相对较少，这也属于正常现象，不过一定要认识到要建立属于自己的人脉圈。

但是，建立客户群首先要强调的就是，想要成立强大的人际关系并不是一朝一夕的事情，这需要平常处世的积累。对于一个普通人来讲，不论是谁，人人都有人际关系，无非人际关系的广度和宽度不同而已。销售员建立客户群首先就要在人脉的广度和宽度上进行突破。

那么，推销界的新人在建立客户群是否有较为快捷的方法呢？其答案是肯定的。那么，新人们在建立客户群时需要注意哪方面的内容呢？

1. 明白哪些人可以帮你建立客户圈

推销界的新人在建立客户群时，首先要从自己身边的人下手。要明白你的同事、上级都可以成为你圈子里的一员，但是也不要刻意地建立人际关系，拉帮结伙破坏公司内员工的团结。在做好自己本职工作的前提下，你要用成绩赢得大家的尊敬，继而确立自己相应的位置。在日常生活中要和公司内的同事和谐相处，但是也要注意做人的原则，通过长时间的共事，建立威信。

除了公司的同事，销售员所遇到的客户、竞争对手也可以帮其建立客户群。销售员所服务的客户如果能够认可你，其不但在工作上会给予你帮助，而且还可能帮助你开发客户。即使以后离开了原工作单位，也要保持联系。有可能他还会成为你新单位的客户或是给你提供新的客户资源。

现在不同企业的销售员之间也有一些共事的小圈子。大家在一起交流信息、经验等。为此，新人要时刻注意这些圈子，并想办法加入，因为这些圈子可以帮助你提供一些信息，拓宽人脉。

对于行业内的专家，这些人也可以给你提供一些信息和工作上的指导。但是你不一定能和这些人进行面对面的沟通和交流，但是可以和他们保持电话和邮件等形式的交流和沟通。

每个人都有自己的人际关系网，你也可以通过你的客户群中的成员去接触他们的人脉圈，可以通过参加他们会议、聚会来接触他们，来不断扩大自己的人脉圈。

2. 客户群要常维护

销售员建立客户群不能报太强的功利思想，也就是不能抱着利用人的思想去建立自己的人脉圈，不能对方对自己暂时有用，就去接触，反之就不接触，或者利用了以后就不再接触。

许多人的朋友之所以越来越小，原因就在于交朋友的目的只是利用，结果大家知道他的目的之后，就会离他远去。当然，建立客户群有借助人脉发展和帮助自己的目的，但是你必须明白，建立强大的客户群需要时间，同时人际网作用的发挥也不在一时之间，它的作用是伴随你一生的。

为此，销售员在维护客户群时要建立专用通讯录。认识人多了，有的人可能就会失去联系，所以你不但要经常把自己最新的联系方式告知你的客户群，而且要把他们的通讯录和相应的信息进行经常整理，以便大家可以保持畅通的联系。

在农村有一句俗话：亲戚是需要经常走动的，如果长时间不走动，那么时间一长，亲戚也就是不是亲戚了。这句话用在客户群的建立上也是适用的。所以对于自己人脉圈的人，大家有时间聚聚的，可以经常在一起聚聚，如果不能经常见面的，可以保持一定的联系，比如逢年过节的时候，相互发一条祝福短信或打个电话等即可。

让"局外人"帮你介绍客户

其实，借助"局外人"也能促进潜在客户的挖掘。方莹是高考复习资料的销售员。一天，她正在推销图书，一位顾客走过来问她："您这里还有哪些书？我前几天给我儿子买了一本英语的，他看过之后说编写得很好，对他们现在的复习有很大帮助。让我再帮他买其他几本，好像还有物理、化学、生物吧，这不，我又来了。"

方莹很高兴，"是啊，这套书确实不错，这几天我推销了很多套呢，现在读书的孩子啊，要找一本称心的书可真难。"

没想到，这番话对旁边的顾客产生了很大的影响。他们也纷纷表示要马上把这套书买下来。

在这里，顾客就是"局外人"，他不是你的同事，却在自愿地帮你推销。诚然，你自己讲你产品有多好，别人会说王婆卖瓜自卖自夸，还不如让顾客来替你讲话，让第三者来替你发言。

一般情况，顾客更容易相信其他顾客的话，因为大家都是"同路人"，都渴望能买到自己称心如意的商品，因此，彼此的心更容易沟通，也更容易产生情感呼应。

其实，只要你注意研究，还有许多让第三者来当"局外人"的方法。

第一个方法——让消费者替你现身说法。让客户来讲给你的潜在客户听，在你的潜在客户听完之后，对你的信赖感就会大幅度提升。

第二个方法——照片。比如让客户看到很多减肥成功者减肥后的瘦身的样子跟减肥前的样子，有照片比你讲话要好多了。

第三个方法——统计数字。根据统计有多少客户知道你的产品，有多少客户使用了产品之后达到99%的满意度。

第四个方法——客户名单。你的客户都是一些什么人，拿出这些名单的时候，也会增加你在客户心目中的信赖感。

第五个方法——自己的从业资历。你在这个行业里面十年了还是八年了，在这个行业里面已经是专家元老了，是资深的销售师了，这也会增加对你的信赖感。

第六个方法——获得的声誉及资格。你曾经得到过什么荣誉，你曾经被一些协会或单位表扬过，你获得了这个声誉跟资格，也可以增加对你的信赖感。

第七个方法——你在财务上的成就。比如有人说他们年营业额多少，他们的年利润达到多少，他个人的财富到多少了，这些也可以增加别人对他的信赖感。因为别人会用你的财富来衡量你这个人的能力。

第八个方法——你所拜访过的城市或国家的数目和经过。比如你到过多少个国家去谈判或访问，去会见行业中的权威人士，这也可以增加对你的信赖感。

第九个方法——你所服务过的客户总数。比如你所服务过的客户已经超过多少人。你的客户总数如果足够大，可以让市场上的潜在客户相信你是有能力来帮助他的。

先了解客户再去"攻城"

作为销售员，如果还不怎么了解客户就去"攻城"，你只会依照原来固定的计划行事，这样难以应对紧急情况；而当你了解充分后，就会扩展开思维，有多种不同的推销方法，攻城的概率也就大大增加了。

在推销的过程中，如果你总是觉得不够了解客户，那就是因为缺乏观察力和判断力。

当销售员盲目走进一家住户，什么也没观察，推门就进，滔滔不绝地张口就向人家介绍保险的情况。结果被人骂了个狗血淋头。为何如此呢？原来这家人穷得连锅都揭不开了，怎么还会关心保险呢？这样做不但打扰了别人，也浪费了自己的时间。

要在第一时间掌握客户信息，就要培养自己敏锐的观察力和判断力。以下就是总结出来工作经验，认为在拜访前应该观察：门前的清洁度；院子的清理状况；房子的新旧；家具如何；屋子里传达出的声音；整个家庭的气氛。

之后，根据观察到的种种情况发挥判断力作出判断：这户人家有无生活规律，是松散还是严谨；这户人家经济状况好吗？家庭中的气氛明朗健康吗？假如经济状况良好，那么对保险会感兴趣吗？如果因为经济困难或是家中有人重病而无法投保，又该如何去办呢？

有了这两种能力之后，如虎添翼地为成功打开了一扇大门。许多推销人员在寻找客户时，可说大费周折，为此他们多半不肯将辛苦所得的资料公开发表。在这种情况下，要想开拓新市场，就要将推销生活化，生活推销化。将推销融入你的生活中，你就会迈上成功的新台阶。

事实上，推销人员寻找准客户并没有想象中的困难，只要稍微动点脑筋，多方寻找新的客户，就绰绰有余了。

有一天，销售员原一平到一家百货公司买东西，通常，人在买东西的时候，心中都会有预算，然后在这个预算之内，货比三家，寻找物美价廉的东西。忽然间，他听到旁边有人问女售货员："这个多少钱？"说来真巧，问话的人要买的东西与原一平要买的东西一模一样。

女售货员很有礼貌地回答："这个要 7 万日元。"

"好，你给我包起来。"想来真气人，购买同一样东西，别人可以眼也不眨一下就买了下来，而原一平却需要为了价钱而左右思量。原一平有条敏感的神经，他居然对这个人产生了极大的好奇心，决心追踪这位爽快的"不差钱先生"。

有钱先生继续在百货公司里悠闲地逛了一圈，他看了看手表后，打算离开。那是一只名贵的手表。

"追上去。"原一平对自己说.

那位先生走出百货公司，穿过人潮涌动的马路，走进了一幢办公大楼。大楼的管理员殷勤地向他鞠躬。果然不错，是个大人物，原一平缓缓地吐了一口气。眼看他走进了电梯，原一平问管理员：

"你好，请问刚刚走时电梯那位先生是……"

"你是什么人？"

"是这样的，刚才在百货公司我掉了东西，他好心地捡起给我，却不肯告诉我大名，我想写封信给他表示感谢，所以跟着他，冒昧向你请教。"

"哦，原来如此，他是某某公司的总经理。"

"谢谢你！"

推销没有限制地方，只要有机会，你都可以找到你要找的准客户。销售员每天要做的工作就是寻找准客户，那么到底在哪里可以找到准客户呢？从普通的日常生活中，只要够用心和留心，准客户便无处不在。

第八章 拉近客户关系的细节点

常言道："在家靠父母，出门靠朋友"，这一句话就道出了中国数千年的交际文化。销售员想要将本职工作做好，人际关系就显得尤为重要。其实，不光是推销，人是具有社会性的，只要你想有好的发展，人际关系就必不可少。

拉近和维持客户关系的本事，不是一朝一夕就能学会的，这当中需要向前辈学习，也要自己总结，掌握一套属于自己的交际模式。

预约客户是一门学问

预约的形式有当面或不当面，通常用电话预约比较方便。预约的目的是为与潜在客户会面而做好事前安排。那么，如何取得预约也是一门学问。

首先，要先问潜在客户几个很轻松的问题，这样做可以让他们感到自在一些。无论如何不要太快跳到敏感的问题，使得对方很快就以不感兴趣为借口拒绝。

提出的问题引起对方的好感后，就可将话题转移，提出你的预约要求。但是要很自然地转换话题，千万不要强迫客户。

电话预约时，请不要直接称呼对方的名字，也不要耍小聪明，说你是在回他的电话，或是说他的朋友要你打电话给他（如果你根本说不出这朋友的名字），更不要随便给对方加上不存在的头衔，以免引起误解。

你要清楚地说出你的名字与公司的名称，然后说明你打电话的原因。告诉潜在客户你是如何知道他的名字，说明你的产品或服务有何好处，并且说明具有哪些特点。然后问他初步的试探性问题，判断他是否可能成为你的客户。以创意的态度开始，让对方很乐意听你的产品说明。

一般情况下，电话预约主要分为三步：

首先，试探性提问。接通对方的电话，预约员首先介绍自己所属的公司，然后再进行试探性提问。例如：

销售员："本公司生产的产品是深受消费者喜爱的，希望我能有幸拜访您，对您进行说明。"

客户："……"

此时如果销售员接着说："下周六的上午或下午，您有空吗？"

这样做虽说是想取得预约，但往往会落空。因为客户这时还有较强的戒心，很容易拒绝你，正确的做法是——转变话题。

销售员："您使用过这种产品吗？"

客户对此会做出三种回答："正在使用""使用过""没用过"。

其次，诱导性提问。面对其回答，销售员也可以有三种回答："是哪家公司的产品呢，您使用的效果如何？""为什么停止使用呢？""为什么不使用呢？"

这些提问都会成为介绍你公司产品的铺垫。根据其回答，就可以抓住机会，及时介绍你公司商品的优点和销售服务了。

这时客户会向你了解本公司产品的特征和销售服务。你可以顺势进一步提问，使其进入下一个阶段。

销售员："使用这种产品，您是否觉得身体比过去更好些呢？"

最后，想象式提问。对于刚才的提问如果对方的回答是否定的，你就应该做出使对方切实感受到你公司产品好处的提问。例如：

"本公司产品的原料和工艺都是一流的，在用户中有很好的口碑，你是否应该了解一下呢？"

"好吧。"

如果得到这样的回答，就是准确无误地告诉你已经取得了预约。即使对方沉默不语，但也说明实际已经相当成熟，你的一只脚已经迈入预约的门槛了。

拉近关系的基本方式

推销是一种比较辛苦而烦琐的工作。销售员在推销的过程中常常会面临客户的拒绝与冷漠，为此，心理上也常常会受到较大的打击，这尤其是对于一个刚初涉推销行业的人来说，会对工作失去信心。为此，销售员必须具备较强的心理素质，并且还需掌握一定的推销技巧，这样成功的概率就会大大增加。那么怎样做，才能不被客户直截了当地拒绝或是做了很多努力也接近不了呢？

推销高手总是在不断开发自己的新客户。他在面对每个公司的老板或是主管时，都有着自己独特的接近方式，但最实用最常见的便是直接介入法。

许斌每次去一个大企业推销保险时，总是单刀直入寻找公司的负责人，从不会跟公司没有决定权的员工死缠。因为许斌明白，即使死缠下去，见不到掌握最终决定权的负责人，那所有的功夫都会白费。

所以许斌本着"擒贼先擒王"的推销战术，屡屡得到大额的保单。有一次，他为了见一个公司的老总，在他的车旁等了4个小时。一见到这位老总，许斌使出浑身解数，全方位出击讲解保险产品，最终这位老总被他说服签下保单。

对于"擒贼先擒王"的战术一般用在大件销售或是团队保险上，在必须有对方负责人出面的情况下运用。

作为一个销售员，要想推销成功一定要先找到老板，一步到位。那么怎么接近老板呢？在这里介绍几种办法。

1.介绍接近法。所谓介绍接近法就是通过熟人写介绍信、便条、打招呼等。老板看在熟人推荐的份上，即使不一定有合作意向，但通常在接待时比较客气。

2.拉关系接近法。拉关系接近法就是利用同乡、同学等一切可能接近老板的关系，或利用与老板比较亲近的人介绍等。

3.调查接近法。对陌生老板拜访，最好先通过一些渠道了解拜访对象的基本信息，如姓名、工作时间等，甚至于爱好等方面信息，掌握这些信息之后再进行拜访就可以减少很多障碍。

有时候，你总无法找到与客户拉近距离的办法，但也不要轻易放弃。加强观察力，挖掘兴趣点，客户是不会与自己内心作对的。

小王第一天做销售员时，经理向他详细地介绍了产品的情况，并拿了一些资料给他。第二天就开始做准备工作。而这一天正好是周末，客户很多。初做销售员的他在业务方面毫无经验，但是也要硬着头皮上阵。

正在他心里万分紧张的时候，走进公司三位客户。小王凭着直觉辨别出其中一位是设计师，另外是一对夫妇。通过与他们交谈发现，那对夫妇中男的决策权相对大些，所以小王选择男士作为主要的介绍对象，而事实也证明他的判断是正确的。但是，对于初来乍到的他，对产品一窍不通，只有几分的了解，该怎么去说服客户购买呢？

正当小王焦急的时候，他看到客户走到一个样板间前停了下来。经理刚刚给他的一些资料中，也正好有这款产品的铺贴效果图，很可能有用。于是，他随机拿给了那位客户，客户看后对产品兴趣大增，当他询问设计师的意见时，而设计师却轻描淡写地说了一句："这上面所讲述的房子装修的风格与你家的风格不太适应。"

小王观察到设计师的眼神，意识到设计师之所以会这么说，很可能是因为我们公司没有给这位设计师好处。

为此，小王趁机在给客户倒水的时候，示意另外一个销售员把设计师支走。设计师走后，他从客户那里得知其家中的装修偏于现代风格。于是，小王指着一个效果图建议客户，如果您选择的这款产品与一款金属色产品混合起来铺贴，不仅可以展现现代风格，而且也会使空间上有一种过渡的艺术感。与此同时，他还不失时机地向客户介绍他们产品的质量与服务。客户不停地满意点头。

但是最终客户还是匆匆离去，也没有留下任何联系方式，只是说下次再来。小王遗憾地错过了自己的第一个客户。

过了一周的时间，那位客户带着设计师来了，一进门小王便认出了他们，热情地跟他们打招呼。而这位客户却反问他："我们认识吗？"当小王提及上次为其服务的事宜之后，这位客户变得非常高兴，显然是一种受到尊重的高兴。

接下来的沟通就顺畅多了，不论设计师提出任何反对意见，这位客户都没有提其他的要求，只是说价格高了一点。见此情况，小王将颜色相似，正做促销的一款产品介绍给他，最终顺利签单。

这是小王的第一次成功签约。它让小王认识到必须要记住客户，有时候对客户的尊重和对细节的重视比什么都重要。他能一眼看出来设计师，能马上辨别出购买的决策人，能和其他店员主动配合，能对陌生的产品做出讲解，能记住接触过的顾客……这些正是一个优秀推销员应该具备的基本素质。

接近时的身体细节

推销中接近客户要注意说话的细节，即语言艺术。但这不只是用嘴巴说一些动听的言辞，还必须配合肢体语言，才能达到理想的沟通效果。

不管我们运用什么样的语言技巧，一定要配合上自己特有的肢体语言，主导整个过程的进行；不仅用嘴巴来说，还用手势、动作、感情、声音等等来强化自己的说明。

一、手的表示法。在进行推销时，肢体语言的主角是手，如果能好好利用手势，必定能提高推销的效果。

几乎所有的销售员在向客户做说明时，都以手背朝上的姿势指引客户观看样品或说明书，这种手势可谓相当不妥，因为这样做就如同有所隐瞒，各位不妨想想，魔术师在表魔术时，一定会向观众示意"手里并没有东西"，而让观众看他的手掌。

对销售员来说，给对方看手掌就表示坦白，因此，手指样品或说明书时，应当手掌朝上方为正确。而如果指小的东西或细微之处，就用食指指出，也是手掌朝上较好。

二、视线应放在哪才正确。有不少销售员都曾面临商谈时不知要将视线置于何处的困扰，有些人是低头、视线朝下，而有些人却东张西望视线到处游移，这些都不好，前者会给人个性消极忧郁的感觉，而后者则让人感到不够沉着稳重。

三、身体前后摇动的肯定性动作。当我们做出点头的动作就是表示肯定的信号，而左右摇动即表示否定的信号，由于我们在商谈时，都希望买方说"是"，所以这种点头或把整个身体前后摇动的姿势，可以认为是一种催眠术。如果站着商谈，要将脚平行的张开，使身体尽量向前后摇动，假如是坐在椅子上，就不要把身体靠住椅背，以便于做此项动作。

一般说来，有些销售员会有否定性的动作出现，他们常不自觉或有意左右摇动着进行商谈，然后在结束商谈阶段，直接要求对方说："请你买好吗？"这么一来，原本对方有心购买的东西也无法成交了。

四、眼神和姿态。一对恋人在一起，双双一言不发，仅靠含情脉脉的眼神就能表达双方爱慕之意。销售员运用眼睛也可以发挥很大的作用。

直觉敏锐的客户初次与销售员接触时，往往仅看一下对方的眼睛就能判断出"这个人可信"或"要当心这小子会耍花样"，有的人甚至可以通过双方的眼神来判断他的工作能力。

能否博得对方好感，眼神可以起主要的作用。言行态度不太成熟的销售员，只要他的眼神好，有生气，即可一俊遮百丑；反之，即使能说会道，如果眼睛不灵光或眼神不好，也不能博得客户的青睐，反而会落得"光会耍嘴皮子"的下场。

不少销售员在聊天时眼神柔顺，但在商谈时却毛病百出，尤其在客户怀疑商品品质或进行价格交涉时，往往容易表现出烦躁和着急。

作为一位销售员不论如何强烈地反驳对方都必须笑容满面，如果不笑就无法保持温柔的眼神。在销售员的"辞典"里，没有嘲笑、怜悯、狰狞或愤怒等字眼。

不要忽视中介的作用

建立人脉关系是极具价值的。在人脉关系中，如果有近千个人在关注你、知道你，你也就把自己推销出去了。就是由于人脉关系网非常复杂，所以并不是每个人都对你的生意产生直接作用的，这些人便是我们常常忽略的中间人员，他们就像是连接你与客户桥梁上的每一颗螺丝。

日本寿险业的推销大王原一平曾说过："我发现，人与人的关系有多么的重要，所以我为人处事的第一目标，就是重视并且尊重与每个人的关系。"

生活在现代都市中，人都有一张以自己为中心的网，离得越远，需要编织的就越多。不要因为一些人离自己近就忽视掉，因为他们是连接远方追求的中间人。

不要忽视中间人员的作用，不要忽视每一个人的作用。纵观世界，所有成功的人都有一个共同的特性，也就是他们如何懂得与别人打交道，建立良好的人际关系。

坦诚认错吸引来客户

做生意说到底就是做人，一个有口碑的企业更容易拓展市场，一个有诚信的实业家更可能创造辉煌，销售员的人品是否为客户认可，这不仅关系到新客户开展的问题，也是留不留得住老客户的问题。推销中，当产品出现问题或者无法满足客户时，如果销售员毫无诚信，对此也不会表达歉意，那他的业绩最多只会昙花一现，他的事业就变成了无本之木，无根之水。

一天早上吗，一位开服装店的男士碰到上门的销售员，他推销的是袜子，男士并没有拒绝他，而是和他攀谈起来。在听到销售员说他的袜子是纯棉的之后，男士推出要验证一下，然而，一经验证袜子只含 80% 的棉，销售员红着脸道歉，并且愿意以十元四双的价格卖给男士。这个价格比之前他们约定的十元三双有所优惠，但是男士说："你骗人，不是纯棉说纯棉，若我不测试，你说这袜子是金丝做的，那我也相信了吗？你走吧，就是拾元钱拾双，我也不会要你的！"销售员只得灰溜溜地走了。

下午，来了一位女性销售员，一进门就向这位卖服装的男士打招呼，巧的是，她也是推销袜子的。她说"您看，咱这地区干旱少雨，灰尘严重，尤其是地上更是尘土多多，一双袜子穿一天都脏了，您的店里应多备几双，尤其是现在的冬季，顾客需求大。"男士因为想起上午的事，心里还生着气，于是不冷不热地说："你的袜子是纯棉的吗？多少钱一双？"没想到女销售员竟如实地说："这袜子不是纯棉的，它含棉量只是60%。您试一试就知道了。大哥，这样吧，您看，天快黑了，您也要下班回家，帮太太做饭，上午，我都卖拾元两双，现在给你拾元三双，怎么样？"男士见这位销售员挺诚实，虽然产品价位贵了点，但她这人比上午那人强多了。他们成交了。

第一位销售员的产品较第二位销售员的产品，无论从质量上，还是价格上都占据上风，但结果是前者败下阵来。为什么？前者连唬带蒙，招致反感，后者据实相告让客户信任。客户有自己的分析能力，你的产品怎么样，他们能看清。要诚心诚意地把产品的优劣交代清楚，这样，对方才能对你有好的评价，进而接受你的产品。

我们知道，客户购买东西，并不一定非要所有的条件都满足才购买，往往只要是最重要的几项需求被满足就会决定购买。就如每一个人都有他的优点及缺点，你欣赏一个人的才气绝不会因为他有一两样缺点就否定了才气，因此，你实在没有必要对客户提出的任何异议都进行反驳，不妨在小的地方顺从你的客户。

每个人都有自己的想法与立场，在推销的过程中，若你想让对方放弃所有的想法与立场，完全接受你的意见，会使对方觉得很没面子，特别是一些关系到个人主观喜好方面，例如颜色、外观、样式，你千万不能将你的意志强加在别人身上。

承认产品的不足并不是简单地将产品的问题都罗列在客户面前，更重要的是真诚的歉意，推销过程中固然要对客户保持诚信、勇敢地正视产品不足，但是这也需要讲究一定的技巧。

有时候，尽管销售员已经将产品的所有真实信息都坦陈给客户了，但是客户仍然认为你讲的话有水分。还有一些时候，当销售员冒失地将产品的某些缺陷告诉客户的时候，客户会因为接受不了这些缺陷而放弃购买。所以要掌握一定的技巧，使客户对你及你所销售的产品更加信赖，而且还可以有效地说服客户，使客户产生更加积极的反应。

不要一味地去迁就客户

碰到傲慢可气的客户，有的销售员掉头就跑，"惹不起躲得起"。也有的销售员知难而上，征服对方。但不论是什么类型的客户你都必须要笑脸相迎，迁就着客户的脾气，这是做销售员最伤脑筋的地方。

遇到这样的客户，销售员该如何应对呢？

一位销售员拜访某公司的总经理，他在拜访前做了周密的调查。根据调查显示，这位总经理属于"自大傲慢型"，脾气很怪，没有什么嗜好。这是一般销售员很难应对的客户。不过对于这一类"怪人"，这位销售员早已成竹在胸。

销售员对前台小姐说："您好，我已经跟贵公司的总经理约好了，劳烦您通知一声。"

"好的，请稍等一下"。

接下来，他被带到总经理办公室。这位怪怪的总经理正背对着门坐在转椅上看文件。总经理转过身，瞟了对方一眼，又转回原来的位置，继续看他的文件。

就在彼此眼光接触的那一瞬间，销售员心中极不是滋味。忽然他大声地说："总经理，您好，今天打扰您了，我的一分钟拜访结束，下次再见。"

总经理转过身来愣住了："你说什么？"

"我告辞了，再见"。

这位古怪的总经理显得有点不知所措，销售员站在门口转身说："是这样的，刚才我跟前台小姐说给我一分钟的时间，让我拜访总经理。我现在用完一分钟的时间，所以向您告辞。谢谢您，改天再来拜访您，再见。"走出经理办公室，销售员早已急出一身汗。

过了几天，那位销售员又硬着头皮做了第二次拜访。

"嘿，你又来了，前几天怎么一来就走了呢？你这个人蛮有趣的。"

"啊，前几天，打扰您了，不好意思。我早该来向您请教。"

"请坐，不要客气。"

由于他采用"一来就走"的妙招，这位不可一世的准客户终于喜欢上了眼前的这位销售员。为此可以总结出了不用被迫迁就客户的技巧：给对方留下疑问，让对方莫名其妙地对销售员产生好感。

销售员如果遇到特别难缠的客户，此时再让步也无济于事，那么只有采取以退为进的方法。如果只会一味蛮进，那么则犹如逆水行舟不进则退。人总有犯错误的时候，问题是犯错误之后，要懂得随机应变，灵敏反应，以便挽回劣势。

以此情况，销售员要随时做好准备，万一碰到类似的情况，要能及时观察准客户的心态反应，扭转局势，反败为胜。

销售员应付客户的方法很多，但是要想推销自己的产品，得针对不同的客户特点，用不同的推销方法，其中，以退为进是比较成功的一种。

眼见为实：示范的力量

不得不承认，很多时候用语言去描述一个事物或动作时，是很难让听到的人真正明白的。下面我们再来看一则故事：

有位育儿专家在给家长们作讲座。他让大家举起右手，然后听他的口令做动作。专家举起右手示范："请大家都把右手放到下巴处。"说着，他把自己的右手放在了额头上，结果大部分家长都跟着他把右手放在额头上，也有少数人先把手放到下巴上，看到育儿专家把手放在额头上，然后也把手放在了额头了。只听育儿专家大声说："我明明喊的是把右手放在下巴上，为什么你们都放在额头上？"大家回答说是看他放了才放的。

看来，示范比陈述更加具有影响力。因此，销售员如果想影响对方，示范比喋喋不休要强百倍。

向客户演示你的产品，这是一种非常有效的推销方法，但是很多销售员在演示或展示产品时往往会犯一些不可原谅的错误，结果演示产品本来是为了推销却起了反作用。因此，销售员们应该对演示产品有个新认识，尽量避免出错。

销售员最容易犯的有两个错误。

1. 只从自己的想法出发演示产品

在产品演示方面，要注意不要自以为是。你也许会觉得自己要推销的产品或服务在某些方面都是出类拔萃的，因此你就只抓住这一点而不顾其他了，你以为这种热情也会感染到客户，是吗？

其实你大错特错了。你不能按照自己的想法做产品演示，更重要的是要知道客户在想什么、客户要什么。

记住，你要推销的，不是自己喜欢的东西，而是要投客户所好。一家生产安全镜的公司，他们的安全镜是采用不会碎的塑料制成的。在最近的一次展销会上，该公司的一名销售员想出了一个匪夷所思的点子。他在会场搭了一个高台，登上去，再故意跌下来，狠狠地摔到那些不会碎的镜子上，再站起来，一副鼻青脸肿、几欲断气的样子。他想借此向观众表明他的镜子坚不可摧。他每隔两分钟就表演一次，来来往往的人，要么驻足瞧两眼热闹，要么干脆绕道而行，避开这个跳上跳下的"疯子"。展销会结束的时候，他向经理抱怨说，他的镜子根本无人问津，参加这种展销会完全是浪费时间。

经理在知道他的演示方法后气愤地问："这些镜子是干什么用的？"

他回答说："给商店和办公室保安系统用的呀。"

经理又追问道："那它们如何起作用呢？"

"把它们安装在天花板上，然后它就开始工作。"

"那有多少人会跳到天花板上去撞你的镜子呢？你可以这样展示：展台周围藏一些精美的小礼物，邀请大家试试看，看谁能逃过镜子的窥视把小礼物偷走。"

他不满地嚷道："可我们的镜子是不会碎的呀！"

经理生气地不断摇头，结果这个销售员被开除了。

产品展示成功的关键何在？关键就是掌握客户信息。如果你想让演示奏效，就要抓住客户的需求做文章。

无论到什么时候，我们都要牢牢记住这一点：要使你的产品演示被客户接受，你就要满足各种类型的客户。就是说，你要从眼前的客户的要求出发提出你的演示方案，为客户量身定制。

2. 画蛇添足，多此一举

有一个公司请一名推销专家与销售员一起外出推销，以进行一对一的观察，好找出销售员在推销过程中存在的种种问题。事情还得从头说起：

那一天，一位销售一款功能齐全的自动售货机的主管给推销专家打电话，请推销专家过去指点指点他手下的一个销售员。他抱怨说："唉，卡朋特从来没有卖出去什么东西。"

推销专家问道："那么，症结在哪里呢？"

"我也不知道！让人气恼的是，他在产品演示方面做得很棒，简直是我见过的最好的演示之一。"

于是，推销专家跟着卡朋特一起出去推销。

他们来到了一位客户的办公室。然而进来的那位客户神色匆匆地解释说："我忘了你们今天会来，五分钟后我还有一个重要的会议，因此，请快一点。"说完，他瞄了一眼自动售货机，问："就是这个吗？"

卡朋特说："是呀。"

"看起来还不错，我现在要赶时间，就要这个吧，接上插头，给我开张发票。"客户说。

卡朋特马上严肃地说："那可不行，先生，您先得看我们演示一下呀。"

那位客户叹了口气说："好吧，好吧，不过请你快一点。"

卡朋特开始埋头苦干起来，丝毫不理会那位客户刚才的郑重声明！

客户时而唉声叹气，时而跺脚，时而瞄一眼手表，十分烦躁焦急。而卡朋特却有条不紊地演示着：如何让自动售货机送出咖啡来，再送出来，少送点出来，多送点出来；接着又示范如何买到18种不同口味的咖啡；紧接着，他又示范如何买到德国土豆汤，如何搭配不同口味的新鲜烤面包片。

演示完这些，他又宣布说："现在我再示范一下普通的日常功能。"那位客户无精打采地站在一边，一副垂头丧气的样子。

卡朋特又拉了拉两个暗藏的阀门。这时，整台售货机就像一朵巨型的金属花朵一样绽放了开来，露出里边嗡嗡作响、微微振动的部件。他亮出一双大号的石棉手套、一条同质材的转裙和一个面罩。那位客户立刻质问他说："上帝！这些东西是干什么用的？"

卡朋特郑重其事地说："啊，您知道，这台神奇的机器之所以能调配出各种天然口味，靠的就是超高温的沸水和流动的水蒸气。但这样一来，就会产生一些副作用。也就是说，在使用过程中，这台售货机会有些危险。老实说，危险还真不小呢。"

话音未落，那位客户就吼起来："滚出去！滚！滚！快滚！"

被赶下楼后，推销专家尽可能耐心地向销售员指出："实际上，那位客户早在我们刚到达时就答应要买下自动售货机了，而你倒好，非要花上半个小时的时间去让那位客户发现自动售货机的缺陷，结果却被轰了出来。"

事实上，只要我们事先有礼貌地询问一下，这位客户对自动售货机有什么疑问或者特殊的要求，然后针对这些疑问和要求来演示一下产品就行了。在演示时，我们只要简简单单地说上一句："我们不会耽误您开会的。先生，请问一下，您最喜欢喝什么？"

"黑咖啡。"

"按一下这个小按钮，黑咖啡出来了。怎么样，味道很好吧？"

这样一来，不用我们再多费口舌，这位客户就会心心悦诚服买下售货机。

既然如此，为什么要冒那么大的风险喋喋不休呢？所以，在进行产品演示时，切忌画蛇添足，多此一举。

第九章　至少让客户觉得不被亏欠

怎样让客户感到不被亏欠，你必须说到做到。但做到这点还不够，因为在现在这个竞争激烈的市场上，没有一种吸引人的特点和优点，是留不住客户的。说到做到是本分，但历来守本分的难出头。必须要让客户有意外的收获，说不到的做到了，那才是客户想要得到的，也是他们心中产品真正的价值所在。

做到价格谈判上的平衡

价格是商务谈判中最核心的部分，谈判方（有双方或多方）能否达成一个彼此都可以接受的价格将决定着谈判的成功与否。谈判成功意味着谈判方对彼此开出的条件都在自己可以接受的范围内，并且认为己方在既定条件下实现了自己的目的，这也就意味着双赢。

然而取得双赢谈判的过程却是复杂和艰辛的，这是因为谈判方都想从对方那里捞到更多的好处，也总认为目前开出的条件不是最优惠的。当然，谈判也不会这样无休止地争论下去，否则什么事情都难以谈成了。在适当时机，谈判方还是会握手言和的，这个适当时机就是各方的心理平衡。所以，双赢谈判就是要达到各方的心理平衡。

要实现双赢谈判，就要懂得舍得。我们首先要做的就是分析形势，明智选择。有谈判必有竞争，我们以卖方为例来说，在争取客户的过程中必然会有不少竞争者。在包括自己在内的竞争者中，我们要做到知己知彼，明确自己和对手的优势和劣势，最好是做出一个 SWOT 分析表。

如果在决定客户选择的关键项目中自己劣于对手，而且没有可以弥补的绝对优势，那么参与这场竞争的成功的可能性就很小，应该做出果断的放弃选择，而不应该盲目地投入。当然，做出这个选择对谁来说都存在障碍，但也比没有结果的投入来得值得。

经过分析与选择，下面就进入与客户实质性的谈判阶段。在这个阶段，我们首先要分析"客户价值主张"与"自身的资源与能力"。在这里先解释一下两个词语的含义，"客户价值主张"指的是对客户来说什么是有意义的，即对客户真实需求的深入描述；"自身的资源与能力"指的是企业自身为实现"客户价值主张"所需要的资源和能力。这两个方面决定着我们在和客户谈判过程中的地位以及最终结果。

对于客户价值主张，在实际操作中体现在客户选择产品或服务时的几项关键指标。如客户在采购大型设备时主要关注的有质量、售后服务、价格、品牌等方面，那么客户在选择供应时也将从这几个方面进行考察。企业"自身的资源与能力"在特定业务中应该与"客户价值主张"相对应，而且在和客户沟通过程中要围绕着"客户价值主张"来阐述和强调，以便让客户感觉到你在满足其需求方面有独特的能力和优势。

经过对"客户价值主张"和"自身的资源与能力"的分析，我们就知道了自己可以打什么牌以及怎么打，就要马上确定谈判的策略。如果我们自身在满足"客户价值主张"方面具有独特的竞争优势并且得到了客户一定程度的认可的话，我们开出的条件应该适度的偏高，这样不但给自己留下了一定的回旋余地也增加了利润空间。如果只是可以满足而已，且并无特色的话，就应该开出适度的条件让客户感觉到你的性价比和实惠性。

在满足客户需求后，谈判的焦点就集中在了价格方面，而且其他方面的某些条件在一定程度上可以换算成为价格。对于客户来说，当然是在满足需求的基础上价格越低越好，此时客户就会想尽办法挑剔你的产品和服务来打压价格。在这种情况下，如果你不是唯一供应商的话，也只有适当调价来满足客户的实际或心理的需求。当然，在谈判中不应该出现无条件的让步的，你应该综合衡量一下你在价格方面的让步可以换回什么。如，你可以像客户要求现金结算、建立长期供应关系或宽松的交货期等。

双赢才是谈判的目的

从前，有两个饥饿的人得到了上帝的恩赐——一根鱼竿和一篓鲜活的鱼。其中一个人要了一篓鱼，另外一个人则要了一根鱼竿。带着得到的赐品，他们分开了。

得到鱼的人走了没几步，使用干树枝点起篝火，煮了鱼。他狼吞虎咽，没有好好品尝鱼的香味，就连鱼带汤一扫而光。没过几天，他再也得不到新的食物，终于饿死在空鱼篓旁边。

另外选择鱼竿的人只能继续选择忍饥挨饿，他一步步地向海边走去，准备钓鱼充饥。可是，当他看见不远处那蔚蓝的海水时，他最后的一点力气也使完了，他也只能带着无尽的遗憾撒手人寰。

上帝摇了摇头，决心再发一次慈悲。于是，又有两个饥饿的人得到了上帝恩赐的一根鱼竿和一篓鲜活的鱼。这次，这两个人并没有各奔东西，而是商定相互协作，一起去寻找有鱼的大海。

一路上，他们饿了时，每次只煮一条鱼充饥。终于，经过艰苦的跋涉，在吃完了最后一条鱼的时候，他们终于到达了海边。从此，两个人开始了以捕鱼为生的日子，他们有了各自的家庭、子女，有了自己建造的渔船，过上了幸福的生活。

前面两个人因为不知道合作，所以两个人都失败了；而后来两个人懂得合作，最终双双取得了成功。

这个故事告诉我们，只有合作才能活下来。表面看起来，这个故事的两位主人公，每人得到了一种生存工具，但是第一次，他们并没有好好利用上帝所赐的东西，得到一篓鱼的人并没有远见，没有想过这一篓鱼吃完后怎么办。而得到鱼竿的人。因为没有食物充饥最后倒在希望的路上。第二次他们学会了合作，将两种工具有效地结合起来，最后实现了双赢，过上了幸福的日子。

但有时候，合作的双方只是盲目地追求形式上的公平和立场上的公平，都把关注的重心放在自身利益的最大化上，却不知道合作的利益才是最大的利益，最后得到双损的结局。

所以，销售员在与客户谈判环节，要从双方的最大利益出发，创造各种解决方案，用相对较小的让步来换得最大的利益。推销谈判不是你死我活的斗争，没有胜负之说，它追求的是双方的利益都得到保障，实现双赢。销售员如何争取双赢：首先，不要抓住一根稻草不放。

如果在其他方面都能很好地统一思想，而仅仅在其中一方面产生分歧，比如价格，那一定有亏有赚。可以把价格问题分化，在其他因素上寻找平衡点。其次要学会妥协，道理很简单，如果大家都想把桌上的所有利益都拿走，谈判就没法继续。如果客户觉得你赢了，你也许真的赢了，但就这一次，不是吗？聪明的销售员应该让客户觉得赢了，而自己还有利可图，至少没有多大损失。

但是，即使销售员明白双赢的道理，客户也未必会遵从这样的思路，我们说客户是五颜六色的，如果遇上只想在谈判中捞到好处，从而满足自身成就感的客户怎么处理呢？

销售员要记得，该牺牲时还得牺牲。整体利益都是由局部利益组成的，要想保住整体利益，有时候不得不放弃一些局部利益。在放弃的同时，适当争取其他利益。

不过让步也不能毫无原则，也不能一步到位。销售员在谈判中都是有底线的，资源总会枯竭，所以，让步的力度不能一步到位，而应该先小后大，否则客户会认为他的坚持会使他赢得更大的利益。同时，在让步的过程中，必须对回报进行分析，要让回报大于付出。

还有，让步要看准时机。任何一次让步都要发挥最大的效果，随意让步只会让对方胃口越来越大。

最后，让步要可见。如果你的让步不能让对方感受到，那么你的让步毫无意义。在让步的方式、力度、内容上让客户明显感觉到你的诚意。

让客户产生亏欠的感觉

销售员经常会遇到很多明明有购买意向可是迟迟不肯成交的客户，他们只是反复询价，就是不肯掏钱购买。那么究竟是什么原因令我们的合作没有成功？怎样才能让客户成交呢？

——送客户一些额外的免费服务，让客户产生亏欠的感觉。

小王是做狗粮市场开发的，他昨天就接待了一个反复询价可是却不肯购买的客户。

在他报出了自己公司的狗粮价格后，客户说同他所要的价位相差很远，提出到其他市场转转。小王经过分析后，知道与这个客户合作的机会不大了。可是，小王没有对客户置之不理，而是询问他需要什么价位的产品，或许自己可以提供一些信息给他。

知道了客户希望的报价之后，小王从自己平时调查整理的同行的价格信息表中找到和客户条件相符的几家同行公司给了客户，让他自己去联系。

客户看到后非常感谢，他对小王说："您是我做生意以来第一个肯把竞争对手的信息提供给客户的。这样我也会省下很多时间。"

虽然这次生意没做成，但是小王给客户留下了很好的印象。客户也感觉自己欠下了小王的人情，回去后他主动向老板反映了这件事。结果，在下次客户需要质量好的产品时第一时间就给小王打电话，成交了大批订单。

小王成交就是因为为客户提供了额外的免费服务，送个人情给客户也可以让客户产生亏欠的感觉。

免费服务为什么会有如此大的魅力呢？因为免费服务会使对方在不自觉中会产生一种负债感。俗话说"上山打虎易，开口求人难"。如果不用自己开口别人主动为自己提供免费服务，自己心中也会过意不去的，总是惦记着怎样回报对方。正是因为多数人都有这种心理，因此，无数商家一再将这一手段进行各种形式的演绎。

一家销售家庭日常洗涤用品的公司就在销售中采用了这种免费试用的方式，让消费者产生负债感的促销手段。他们就是将公司经营的日用品免费送往各个社区。试用期结束后，销售人员会上门取走剩余的试用品，整个的体验过程不收取任何费用，也没有人会过问这期间究竟用掉了多少。此时，反而是消费者不好意思了，他们中有人开口说："我们也不能白用你们的产品啊！要不买一些吧。"

客户这样说是为了实现心理平衡。虽然商家是免费服务，可是顾客也不愿意白沾商家的光，日后给自己造成一定的心理负担。就是在这种心理作用下，大多数的居民都掏钱或多或少买了一些。

既然消费者要通过这种方式寻求心理平衡，商家当然成全了。这不是一举两得吗？结果，销售人员大有收获，很多试用了产品的消费者从消费目的不明确的潜在客户成了消费目的明确的目标客户。也正是靠这样的销售策略，使得这家日用品公司在较短的时间内取得了经营业绩的快速成长。

免费试用产品之所以能带动消费提升，一方面是人们为了弥补亏欠的心理，另一方面，通过试用，他们对商品、对商家有了比较清晰的认识。因此才促使他们下决心购买。

这些貌似不起眼的销售小技巧，其实都是在应用人们的亏欠心理。千万不要小看这种技巧，很多时候，正是这些小的举动促成了一笔笔巨大的生意。因此，让我们也学一手吧，打动客户紧闭的心扉。

售后服务的方法

因为要开发客户，争取拿到订单，必须通过跟进使潜在客户转变成客户。可当一个销售员已经开发了一定数量的客户后，往往会忽略一个问题，就是对已开发客户的售后服务。

有些销售员有一个错误的认识，认为已开发的客户已经和自己在做生意了，并不需要再进行服务。事实上由于销售员对已开发客户的售后服务不及时，大大影响了客户的忠诚度，在激烈的竞争中出现了不断地开发客户，也不断地失去客户的危险情况。

实践证明，稳定一个客户所需的费用是开发一个新客户费用的十分之一，所要投入的精力也只有开发新客户的十分之一，通过服务性跟进不但能稳定客户，并且还会通过客户的口碑宣传和介绍带来更多的新客户。这也就是许多销售员越做销量越大、客户越多的成功所在。也是许多销售员业绩老没有起色的主要原因。那么怎样来做售后服务呢？

1. 要写好销售日志和建立客户档案

在写销售日志时，必须写清楚一天拜访过的客户的具体情况和情况分析，并对所有客户进行评定。客户档案必须写清楚客户的公司名称，负责人的名字和职务，电话，传真，手机号码，地址，网址，购货日期，购货数量，诚信度，客户购货的用途（是自己用还是替其他客户代购），对能写出客户生日的销售员给予一定的奖励。最好还能在档案中附上客户的营业执照和法人代码证，当然是个人的，最好能了解家庭情况。总之，对客户了解得越清楚，跟进时就会越到位。

2. 在客户购进产品的一周内，进行回访

积极地帮助客户解决出现的问题，一丝不苟地兑现售后服务承诺，为你的下一单打下感情基础。

3. 定期询问，联络感情

逢年过节，短信问候，最好能寄新年贺卡和明信片。客户生日时能有小礼物。通过这些方法，不但加强了与客户的感情联络，最重要的是让客户知道了你是真心实意地关心他，让对方知道你是一个重感情、懂情意的人。

通过上面3点，可以增加客户的忠诚度，更主要的是客户会为你介绍来更多的新客户。如果坚持不懈，你会发现许多客户已经成为你的朋友。朋友

多了，你的销售之路就好走多了。

让我们看看美国汽车推销大王汉斯是怎样做的吧。

推销成功之后，汉斯需要做的事情就是，把那些客户及其与买车子有关的一切信息，全部都记进卡片里面。同时，他对买过汽车的人寄出一张感谢卡。他认为这是理所当然的事，虽然很多销售员并没有这样做。所以，汉斯寄出的感谢卡，令客户印象特别深刻。

不仅如此，汉斯在成交后仍然和客户保持经常性联系，他对客户说："如果新车子出了问题，请立刻通知我，我会马上赶到，我会让人把修理工作做好，直到您对车子的每一个小地方都觉得特别满意。这是我的工作。如果您仍觉得有问题，我的责任就是要和您站在一边，确保您的车子能够正常运行。我会帮助您要求进一步的维护和修理，我会同您共同战斗，一起去对付那些汽车修理技工，一起去对付汽车经销商，一起去对付汽车制造商。无论何时何地，我总是和您站在一起，同呼吸、共命运。"

他也常常对客户的太太说："就算是车子振动太大或有其他什么问题的话，请送到这儿来修理，麻烦您也提醒您先生一下。"

汉斯说："我不希望只推销给他这一辆车子，我特别珍惜我的客户，希望他以后所买的每一辆车子都是由我推销出去的。"

这里还有一则故事——

陈小姐是高盛办公家具厂的业务员。她做事勤劳苦干，待人细心热情。每个月她无论多忙，都要抽三天时间拜访自己的老客户。有时是顺便拜访，有时是专程拜访。

每一次她到老客户那里，总是仔细地打量她推销的办公家具，看是否出现了什么问题。哪怕一个不起眼的部位掉落一个不重要的小螺丝钉也逃不过她的眼睛。每逢出现问题，无论大小，她都用笔记下来，尽快督促公司派人过来妥善解决。

在她的客户的公司里，经常有职员积累一定的经验后辞职另立门户，开办公司。这些人无一例外地找陈小姐购买办公家具。另外，她还经常接到陌生客户的电话，声称是由×××（她的老客户）介绍他来向她购买办公家具。无疑，陈小姐的诚信与细心的售后服务获得了丰厚的回报。

总之，作为专业的销售员，应该时刻记住：给老客户提供全方位的售后服务，是销售员的义务。只有怀着这种心态，你的事业才会越做越大。

客户的抱怨就是你的动力

大部分不满意的顾客不会直截了当地向你倾诉他们的不满。他们只会静静地离开，然后告诉每个他们认识的人不要跟你做生意。所以，当有客户抱怨时，千万不要觉得麻烦，要把处理客户投诉看作改变顾客意见、留住生意的绝佳机会。

有一句幽默话：其实我追求的是我最恨的成功，我一直摆脱可爱的失败。因为失败对我最亲近，它每次都在给我力量，所以我对他永远难以释怀。把客户的抱怨当成是前进的动力，我们要接受抱怨带来的生意挫败感，并认真检讨自己。时刻检讨自己，树立新的目标。

被抱怨时，我们要检讨自己，是否缺乏了长远的目标。成功后的原一平经常问常来求教的青年人"你想不想成功"？每次来求教的青年都会说"想啊，都快想疯了，真想和阁下一样，但是想归想，做什么还拿不准呢！"

原一平听后觉得很奇怪，因为一个想要成功的人竟然没有设定一个目标。已到古稀之年的原一平露出微笑说："小伙子，你希望自己很优秀，我很欣赏你，我很想和你讨论你将如何成功。同时，我觉得行动才有结果。希望你回去后，找到你想做什么，这样我才会跟你分享成功。"所以想要成功必须有目标，找到自身的定位。

其实只要每个人为自己设定一个限度，不断更新目标，不被外界的压力所累，业绩会不断上升的。

作为销售员就必须不断地对自己进行检讨；每一次成功都有一个从失败走向胜利的过程；你的每一次失败，都应该成为你攀登成功高峰的垫脚石。失败并不可怕，可怕的是每次你都以同样的错误而失败。被石头绊倒并不是低能的表现，但被同一块石头再次绊倒，那就是最愚蠢的行为。所以，养成自我检讨的习惯，可以说是销售员迅速成长的一个秘诀。

每个人一生当中最要紧的是发现自己的劣根性，并有效地剥除它。基于这一思想，每当业务有了长足发展，他从不居功自傲，而是静心反思。

有一天，推销大师原一平灵机一动，请了很多客户和朋友帮忙，借用他们的名义，雇佣一些具有诚信的人来调查自己。调查的项目由原一平自己拟定。

调查的项目具体有：对原一平的评语、对原一平的信用评价、对保险的看法、对原一平公司的评价等。

从上述内容可以看出，原一平是想将这些信息统计下来，彻底做出分析，查找出客户难以发现的客观问题。

刚开始时，原一平觉得这招对自己太苛刻了，于是他想放弃这一愚蠢的行动。但是，想归想，做归做，原一平没有了当年那种一意孤行的性格，从征信所派来的人开始接受调查原一平了。

此后，每年一次的征信所调查就在原一平以后的推销生涯中开始了，并且从未停止过。在征信所的调查资料中，有责骂也有赞美。

原一平对赞美之词一眼瞥过，绝无沾喜；对责骂之言则一一细嚼，立刻痛改前非。因为赞美只能给他短暂的欢愉，只有责骂和批评才会督促他的事业更上一层楼。

难怪推销行业的人说他天天进步，业务倍增。几十年来，责骂、批评与日俱减，但原一平的"外调"工作却从未停止。正因如此，从45岁开始，他连续保持了15年全国寿险业绩冠军的纪录。

恰当地处理客户的异议

富有创造性的销售员对客户异议大都抱有积极的态度，他们把异议看作是对自己的挑战，是施展才能的机会。他们能够从客户提出的异议中，判断出客户对商品是否真的需要，能了解客户对自己建议的接受程度，从而迅速修正自己的推销战术。

事实证明：一位销售员是否具有丰富而娴熟的处理异议技术，往往是推销能否成功的关键。

"让我考虑一下，再给您答复！"这是销售员经常碰到的状况，最后，可能再也没有答复，或过了几天您打电话确认时，客户告诉你"抱歉！已选用别家了！"这些都是"让我再考虑一下"可能产生的结果。

我们简单回想一下，当客户告诉你再考虑一下时，你们彼此间是否已做了互动：客户听了你的产品介绍，看了你做的产品展示，评估了你产品的价值及价格条件，同时考虑了自己的购买能力，做出了再考虑一下的决定。

俗话说，"趁热打铁。"客户决定要再考虑一下，恐怕表示你加的热能不够，或你加热的方法仍有问题，导致客户的购买欲望仍未能达到高点，客户心中恐怕仍有疑虑。因此，你不能轻易地告诉客户"请多帮衬，等您决定"

就告别客户，等候佳音。

此时，你需进行下面的努力：

第一，礼貌地询问客户还要考虑什么。你必须要很诚恳地询问客户，他是否还有什么担心的地方或不满意的地方。

例如："王总经理，很抱歉，一定是我说明的方式不好，使得总经理还要再考虑，请总经理告诉我，您还要考虑的地方，我一定尽最大的努力，收集更详细的资料，供您参考。"

客户最后的考虑点，可能就是也许将来不购买的原因，因此，你一定要弄清楚。

第二，与客户共同解决问题点。探询出客户的问题点后，你要针对问题点与客户共同解决，这样你就能与客户站在同一条船上，剩下的问题只是如何共同将一些问题解决而拿到订单。

最终的决定权固然是握在客户的手中，但是一些成功推销实例中的各项决定，几乎都是由客户与销售员共同决定的，特别是最后的购买决定大都是在销售员与客户面对面的沟通中签订的。记住：尽量避免把最后的决定交给客户独自完成，特别是你不清楚他还要考虑些什么的时候。

相信每一个人都有过以"不需要""用不着"的说辞婉拒来拜访的推销人员的经历。若销售员无法有效地排除这种异议或是克服内心的受挫感，相信在推销的路上将寸步难行。

"很抱歉！我们目前不需要。"这是每位销售员都会碰到的异议。这个异议通常出现在两个阶段：

一、接近客户阶段

在接近客户阶段，客户知道你的来意后，马上表明不需要。虽然客户同样都"不需要"，但代表的意义并不相同，你需要辨别。

（1）客户预设防线

客户在潜意识中怕轻易地被你说服或若表现出有需求的样子，让自己谈判的筹码降低或担心销售员的强迫推销，因此，不管是不是真的没有需求，反正先表明没有需求，再看销售员会有什么说辞。

此时你要做的是想办法能继续交谈，以确认并唤起客户的购买需求，你可用下列的方式：

例1："王先生，在我还没有给客户看过这份资料前，大多数的人都和您一样认为没有需求，是否容我向您简要地介绍一下关于……"

使用时你必须确认，你准备的这份资料能引起客户的关心及注意，让你有机会从资料的沟通过程中，掌握客户的需求。

例2：王先生："你来推销复印机啊？我们不需要。"

销售员："王先生，贵公司目前需要复印时是否都拿到外面去印？"

王先生："隔壁就有复印店，叫员工去印方便得很，我们复印量少，不需要花一笔钱买复印机。"

销售员："的确很方便，但有些机密性的资料，总是不能让员工去复印，我想你也许不需要一下花那么多钱买一台复印机，但你可采用租用的方式，每个月只要付少许的租费，就如您每月付给复印店一样，却能更方便地满足你复印的需求……"

本例是使用询问法，确认客户有复印的需求，进而提供客户另一种方式满足这项需求。

总之，面对这类客户，你必须要能巧妙地争取交谈的机会，确认并唤起他的需求。

（2）客户不想多谈

当客户另有重要的事情或心情不佳的状况下不想多谈时，也有可能以不需要为借口，迅速终止谈话，此时你可主动地伺机告退，如："很抱歉，我们这次资料准备得不够充分，下次再向您做详细的报告！"并另选时间再次拜访。

（3）客户目前真的没有需要

当你经过多次确认需求，客户每次都以目前没有需求回应时，可能代表客户真的没有需求。

二、商谈途中

进入商谈途中，客户才告诉你不需要，此时通常也有几种原因让客户提出"不需要"的说辞。

（1）客户对你的商品不满意。

（2）客户对你本人不信赖。

商谈途中客户提出不需要时，此时"不需要"的原因必然不是单纯地借口，一定有他的特殊原因。因此，此时最佳的解决途径是找出真正的原因，提出解决的对策，而不是找出客户说辞上的矛盾之处，想要以理服人。

你可用询问法坦诚地向客户请教出真正的原因，针对原因，再行处理。处理时要站在客户的立场考虑，提出客户能接受的方案，以争取最后的成交。

理论上，当人们没需要时自然不会采取购买的行为，因此，处理"不需要"这个异议的处方必然是唤起客户的需求，但在技巧上，销售员必须能争取唤起客户需求的机会，因此，不管客户口中的"不需要"是托词还是真的，重点是销售员必须要能准备好一些说辞或方法，借以唤起客户需求。

销售员也会碰到一些客户以前使用过公司的产品，但很遗憾该产品带给客户非常不好的印象的情形。当客户抱怨以往的状况时，销售员必须谨慎应对，才能化危机为转机。

当客户提出抱怨时，千万不要以不清楚、不太可能吧、别的客户都没有这种情形、我们公司保证不会发生这种事情等消极否认的态度。正确的做法是，面对客户的抱怨，接受客户的抱怨，并站在客户的立场，替客户感到委屈。

能向销售员抱怨的客户，多半对公司仍抱有期望，否则他根本不需要花时间听你说明产品的状况，并向你抱怨以前的不满，因此只要你能善加处理，再取得订单也非难事。

为了化解客户的心结，你一定要掌握引起客户抱怨的真正原因，针对这些原因在这次的推销过程中，要特别地让客户安心，你也要特别留意不要再给客户带来同样的困扰。

从另一个观点来看，找出真正的原因能缩小客户的抱怨范围，对你的推销也有很大的帮助。例如，你用询问法问客户是对产品不满呢，还是对服务不满。如果客户告诉你是对服务不满，此时，你可以得到一个信息是客户对你的产品还是满意的。因此，你能迅速测试出贵公司在客户心中的分量，同时也让客户从情绪上对贵公司全部的不满理性地缩小至对某次服务不满。

你可交互使用开放式及关闭式的询问法，找出客户不满的原因，并加以妥善的处理。

总之，有抱怨的客户才是真正有需求的客户，面对这些客户，只要你能耐心地化解他的抱怨，他就能成为你最忠诚的客户。

成交的十八般武艺

条条大路通罗马，有效的成交方法可以说不胜枚举，成功的销售员善于从这千头万绪中总结出规律，形成一系列行之有效的必杀技，在此，仅就常见的十八种方法做出列举说明。

1. 暗度陈仓

推销谈判中，常常因为其中某一个因素产生巨大的分歧，导致整个业务谈判停顿下来。但是聪明的销售员如果知道"失之东隅，收之桑榆"的道理，处理方式就不一样了。

一位装修公司的销售员正与客户进行谈判：

客户："效果图不错，木工板多少钱？"

销售员："75 元一张。"

客户："据我所知，60 元就能拿到。"

销售员："你说的是出厂价，我们还需要运输，还需要……"

客户："我的邻居就是这个价拿到的。"

销售员："那你有没有问他是怎么拿到的？"

客户："那我管不着，总之你的价格偏高，能不能降降。"

销售员："要是能降就给你降了，你说这价格，我们只有亏呀！"

客户："你的意思是没法做了？"

销售员见势不对，狠了狠心说："好吧，就 60 元。"

看起来，这家装修公司要蒙受损失了，但是销售员在其他的材料上就报了偏高的价格。客户接着又问："木地板要 150 呀，这么贵。"

销售员："你是行家，怎么可能给你报贵哟，你放心，能便宜我都会给你便宜，我这木地板质量也是最好的，市面上 180 元一张，都给你报的最低价了。"

客户："不要报高哟。"

销售员："那当然。"

"吃小亏，就是占大便宜"，销售员当然应该懂得这个道理。

2. 以彼之道，还施彼身

有时候，客户会提出一些异议，这些异议可能是真实异议，也有可能只是推托之词。但是销售员如果能有效利用客户提出的异议，以彼之道，还施彼身，就能达到很好的推销效果。

客户："你这房子一点也不好，打开窗连根树也看不到。"

销售员："哦，你喜欢绿化环境比较好的住宅？"

客户："那当然，空气好，住着也舒心些嘛。"

销售员："要是有一套这样的房子，依山傍水，绿树成荫，你会不会买？"

客户："当然。"

销售员："赶巧了，我手上就有一套这样的房子，依山傍水，绿树成荫，本来准备留置他用的，昨天老板放话叫我卖掉。"

客户是不是真的喜欢绿树成荫不是问题的关键，关键是他提出的条件，你能满足。人们常说"说出去的话，泼出去的水"，客户面对自己的话，也是不好反悔的。当然，这种方面用于推销房产还是有可能遇到食言的客户，毕竟房产对大多数人来说都是不菲的。但是如果这种方法用到一件衣服，一款手机那就屡试不爽了。

3. 引蛇出洞

在一次国际博览会上，我们的国酒茅台当时尚不为人知，和各种名贵的西洋酒同馆陈列，有于缺乏了解，因此少有人问津，直到中国参展人员有意将一瓶茅台摔碎，一阵阵酒香吸引了周围人的注意力，由此茅台酒登上了国际舞台。

引蛇出洞的成交方法，要点是"引"，通过产品自己的特性，吸引到围观者的注意力，使人对产品产生浓厚的兴趣，这样就很容易达成成交协议了。

4. 利弊分析

美国销售员富兰克林每次要决定一件事之前，总是拿出一张纸，两边分开，左边写着表示肯定的理由，右边写着否定的理由。最后看哪边理由充分而决定。然后让客户也写一张，权衡利弊，再决定是否购买。这种方法被卡耐基进行了一次有效的运用。

一次，卡耐基在一家酒楼讲课，酒楼的经理要求涨300%的租金，否则就收回他的教室使用权。卡耐基找到这位经理后拿出一张白纸，中间画一条线，左边写上利，右边写上弊。

利的一边是：出租做课堂当然不如出租做舞厅收益高。

弊的一边是：其一，因为本人无法支付租金而不得不转移地点，因此酒店一点也不会增加收入，但是酒店可以转租给别人；其二，本人的课程能吸引高素质白领来到酒楼，对酒店是一个广告。本人的转移将使酒店失去众多潜在客户。

卡耐基如此做的结果是：酒店收回了涨300%租金的决定，只涨了50%。

5. 以退为进

对客户采取冷如冰霜的态度？这是否与我们的推销原则背道而驰？客户会不会反感？放心，不会的。有时候对客户的冷淡是为了更好地帮助客户，让客户看到自己的需求。

有这样一类客户，他们自以为无所不知，无所不晓，无所不能。无论你说什么，他都会马上接着你的话说出下一句你想说的，他们甚至认为销售员没有存在的必要。应对这样的客户，冷淡式的推销方法就可以压住他们的盛气，让他们乖乖地与你合作。

对待这一类客户，当你和他们交谈时，你可以表现一种客气态度，但在这种客气之中包含着一种对成交与否漠不关心的神情，好像你根本不在意这件事。你对他的冷淡，在他看来觉得你不在乎和他的生意，因而，一定会引起他的兴趣和好奇心。

你可以这样说："先生，你大概不知道，我们的商品不是随随便便对任何人都进行推销，这会影响我们的声誉。"

等一会，他还处在惊讶中时，你可以说："我公司只针对特殊的顾客服务，对客户和项目都要经过严的审查。"

等他感受到你的冷淡，并若有所思的时候，你可以说："如果你想了解我们对客户的服务事项，我可以提供一些资料给你，不过……"

客户无论是否急于和你成交，你一样应该表现出平静的表情，直到时机成熟。

6. 旁敲侧击

使用一种方式和客户沟通不管用时，你就得考虑如何打破僵局，尝试用另一种语气和方式。

刘先生是你多年的老客户，这次却无意购买的你产品，无论你怎样劝说也无效果，这时你就要用到一些话术了。对于这类客户，因于你和他们关系比较熟，他们不购买你的产品的真正原因是不太好意思跟你明说的，因而只是重复一句话"我不想买"，其他一概不谈。面对这种情况，你可以假设他是一个销售员，问他："对自己亲戚朋友进行推销而无结果的感觉怎么样？"如此反转一下，一般他们都可体会出你的苦衷，而说出自己不想买的真正原因。这样，你就有源可溯，寻求解决的办法。

7. 就坡下驴

当你和客户洽谈时，应该让客户知道你是真诚地为他们着想，而不是只为了自己挣钱。

销售员："我听说你打算购置一套住宅，不知是不是真的？"

客户："有这个打算，现在住得太挤了，想换个住处。"

销售员："我手里倒是有几栋房子，不知你是不是有兴趣，质量和格局都比较出色。"

销售员带客户看房："虽然这套房子处于市区，但是总价才××万元，买下吧！"

客户："太贵了！太贵了！"

销售员："您稍等，我和主管商量一下。"

之后销售员回："先生，我和主管商量过了，主管说我们在××地还有一处类似的房子，式样和这栋房子差不多，价格和你的要求相差不大，去看看吧！"

等售房合同鉴定后，你可以对客户说："我们公司也进行设计和装修，怎么样？要不要购买我们的装饰材料？"一般来说，客户既然把房子买下了，也不会太在意那些装饰材料的。

8. 漏斗选择法

漏斗选择法，就是直接向客户提出若干购买的方案，并要求客户选择一种购买方法。就像前面讲到，"豆浆您是加两个蛋呢，还是加一个蛋？""我们礼拜二见还是礼拜三见？"这都是选择成交法。

销售人员在销售过程中应该看准顾客的购买信号，先假定成交，后选择成交，并把选择的范围局限在成交的范围。选择成交法的要点就是使客户回避要还是不要的问题。

运用选择成交法必须注意，销售员所提供的选择事项应让客户从中做出一种肯定的回答，而不要给客户拒绝的机会。向客户提出选择时，尽量避免向客户提出太多的方案，最好的方案就是两项，最多不要超过三项，否则你不能够达到尽快成交的目的。

选择成交法的优点是可以减轻客户的心理压力，制造良好的成交气氛。

从表面上看来，选择成交法似乎把成交的主动权交给了客户，而事实上就是让客户在一定的范围内进行选择，可以有效地促成交易。这种方法是客户最容易接受的，只要问题提得恰当，不管答案如何，已经成交了，不是吗？

9. 避重就轻

某办公用品推销人员到某办公室去推销碎纸机。办公室主任在听完产品介绍后摆弄起样机，自言自语道："东西倒挺合适，只是办公室这些小年轻的毛手毛脚，只怕没用两天就坏了。"推销人员一听，马上接着说："这样好了，明天我把货运来的时候，顺便把碎纸机的使用方法和注意事项给大家讲讲，这是我的名片，如果使用中出现故障，请随时与我联系，我们负责维修。主任，如果没有其他问题，我们就这么定了？"

这种方法的优点是：可以减轻客户成交的心理压力，还有利于销售员主动地尝试成交。保留一定的成交余地，有利于销售员合理地利用各种成交信号，有效地促成交易。

10. 示惠于人

销售员通过提供优惠的条件促使客户立即购买的一种方法。在使用这些优惠政策时，销售员要注意三点：第一，让客户感觉他是特别的，你的优惠只针对他一个人，让客户感觉到自己很尊贵很不一般；第二，千万不要随便给予优惠，否则客户会提出更进一步的要求，直到你不能接受的底线；第三，表现出自己的权力有限，需要向上面请示："对不起，在我的处理权限内，我只能给你这个价格。"然后再话锋一转，"不过，因为您是我的老客户，我可以向经理请示一下，给你些额外的优惠。但我们这种优惠很难得到，我也只能尽力而为。"这样客户的期望值不会太高，即使得不到优惠，他也会感到你已经尽力而为，不会怪你。

11. 从众心理

客户在购买产品时，都不愿意冒险尝试。凡是没经别人试用过的新产品，客户一般都持有怀疑态度，不敢轻易选用。对于大家认可的产品，他们容易信任和喜欢。

一个客户看中了一台微波炉，却没有想好买不买。销售员说："你真有眼光，这是目前最为热销的微波炉，平均每天要销五十多台，旺季还要预订才能买到现货。"客户看了看微波炉，还在犹豫。销售员说："我们商场里的员工也都在用这种微波炉，都说方便实惠。"

客户就很容易做出购买决定，为什么，因为销售员给他提出了一种示范，说明商场员工都在使用这种微波炉，于是客人肯定想：大家都在用这种产品，肯定不会错。

12. 巧借权力

在推销对话的尾声，你要问客户是否还有尚未澄清的问题或顾虑。假如客户表示没有其他的问题，你就把合约拿出来，翻到签名的那一面，在客户签名的地方做一个记号，然后把合约书推过去对他说："那么，请你在这里批准，我们就可以马上开始作业。"

"批准"一词胜过"签名"。这时你把整份销售合约推到客户面前，把你的笔放在合约上做好记号的旁边，微笑，并且挺直腰坐在那里，等待客户的反应。

13. 欲擒故纵

美国可口可乐公司，为了打开中国市场，不是一开始就向中国销售商品，而是采取"欲将取之，必先予之"的办法。先无偿向中国提供价值400万美元的可乐灌装设备，花大力量在电视上做广告，提供低价浓缩饮料，吊起你的胃口，使你乐于生产和推销美国的可乐，而一旦市场打开，再要进口设备和原料，他就要根据你的需要情况来调整价格，抬价收钱了。

10年来，美国的可口可乐风行中国，生产企业由一家发展到8家，销量、价格也成倍增长。美国商人赚足了钱，无偿给中国设备的投资早已不知收回几倍。

这就是先让你尝到些甜头割舍不掉，然后再实施自己的计划，这种欲擒故纵之术，在商场中比比皆是。欲擒故纵是一种有效促进销售的策略。

14.声东击西

有的客户意志力超强，外界对他的影响很小，他们对销售员的说辞往往不以为然。对待这种客户，一切说教纠缠都是无益的，你只能另辟蹊径，采取迂回的战术，使他意识到自己的需求，心甘情愿地接受你和你的产品。

黄小林是一家医疗器械公司的销售员，他的顾客张小姐开着一家养生馆，黄小林在第一次拜访张小姐后，就认为张小姐的设备相当陈旧落后，应该更换了，但是张小姐并不这么看。两个人因此迟迟没有达到购买意向，却熟络起来。

黄小林很想做成这单生意，他决定换个方式，迂回进攻，让张小姐自己决定购买。他再次拜访张小姐，开门见山地说："我听说一件事，可能和你有关，所以来跟你说说。"

张小姐："说，什么事。"

"听说市里最近在治理学校周围的摊位，你们这一片是不是学校的产业。"

"是呀。"

"也就是说，你这里也在搬迁范围。"

"是呀，不过还有两个月。"

"既然肯定要搬，为什么不早做打算，晚了找店面都成问题。"

张小姐想了想说："是呀。"

一周后，黄小林接到张小姐的电话，告诉他自己已经搬了新址，以前的设备很旧，又搬运不便。想在黄小林这里买套新设备。虽然是迂回攻击，但销售员还需要站在客户的立场上，帮助客户分析他所面临的问题，让客户意识到这些问题必须马上解决，而最好的解决人当然是你了。如此，"两相情愿"的买卖也就做成了。

15. 毒品效应

你经过一家宠物店，看见一只可爱的小狗，漆黑的大眼睛望着你，不知不觉，你走进了宠物店。聪明的业务员，轻轻将小狗放到你手上，你再也舍不得放下。这就是宠物成交法。

很多企业都在使用这种成交法，比如：试开一辆汽车；30 天免费会员；在家试用 7 天；第一期免费杂志；把复印机送到你的办公室试用两天。

16. 败战计

如果你一鼓作气努力攻之不下，那不妨向客户示弱。假如你在推销中使尽浑身解数去说服对方，让对方听从你的观点，结果你反倒被驳得无话可说。你不妨做出一副真的无法说服客户的悲伤之状，客户往往觉得已经战胜了你，并因此得意扬扬。在他们没有防备的情况下，你可以快速向他们请教，一般来说他们会告诉你，你失败的原因在哪里，因为他们要你输得心服口服。所以，你可以这样问："那您认为要怎么样才肯购买呀？"他们一告诉你，你的问题就迎刃而解了。

第十章　用什么办法提升客户的忠诚度

忠诚客户是指客户满意后而产生的对某种产品品牌或公司的信赖、维护和希望重复购买的一种心理倾向。忠诚的客户是企业源源不断的财富管道。一个忠诚的客户不仅可以给你带来更多的业务，还能给你带来更多的客户。如果你拥有一群忠诚的客户，就等于雇用了一群敬业的销售员，他们会卖力地为你的产品推销，却不要求你支付一分钱薪水！

那么，用什么办法提升客户的忠诚度呢？

忠诚客户是财源的富矿

在推销的过程中，很多销售员都面临着这样的困惑：同行之间产品差异性越来越小，竞争对手越来越多，推销手段也大同小异，可是客户却变得越来越挑剔。在这种情况下，销售员应该怎样做才能保证一定的市场份额和客户？要解决这样的问题仅靠销售员一个人的力量是无法办到的，可以借助客户的力量，让客户成为自己的忠诚客户。

近年来，客户忠诚度不论在国内还是在国外都已经成为同质化时代企业所追逐的主要目标之一。对于销售员来说，拥有一定的忠诚客户就是自己源源不断的财源管道。

1. 提升客户满意度

客户满意度与客户忠诚度之间的关系比较密切，一般来说，只有客户对企业的满意程度达到一定水平时，才有发展成忠诚客户的可能。如果他们对于产品或者对于销售员、对于企业不满意，就无法成为忠诚客户。因此销售员要做的就是使客户的满意程度得到进一步提升。

是否所有对企业、对销售员、对产品满意的客户都能成为忠诚客户呢？事实并非如此，很多客户尽管对你的服务满意却不一定能成为忠诚客户。有时受一些客观因素所致，尽管他们也产生了购买行为，可能仍无法成为忠诚客户。比如，客户距离店铺较远，或者客户只是出差路过购买了某地的土特产。可是，无论他们怎样满意也不会成为忠诚客户，长远购买，并且给企业带来滚滚财源。由此可见，客户的满意度并不一定和他们的利润贡献度成正比。

2. 细分客户

一般来说，企业 80% 的收入来源于 20% 的客户，也就是说只有少数大客户能为公司带来长期的利润，大多数则不能。他们虽然也喜爱企业的产品，但通常只是意愿没有表现为有力的行动，对于企业来说本身并不产生直接的价值；而少数客户却会把这种欣赏和喜爱付诸行动，对企业来说非常具有价值。因此，销售员应当对自己手中所掌握的那些忠诚客户进行细分，发现他们的购买规律，就像大浪淘沙一样，找到那些对企业利润贡献度相对较高的忠诚客户。

具体筛选标准为：

客户每月、每季度甚至每年能消费多少产品？（日用品、快速消费品可以按照每月和每季度衡量，大宗工业品之类可以用年计算。）

客户的购买是长期稳定的，还是经常变化的？

什么因素会影响他们购买？主观因素还是客观因素？

（客观因素，比如客户搬家，离公司的距离较远，那么即使他们有购买欲望也会去较近的地方选购。主观因素，比如客户听从了其他厂家销售员的介绍，选购了他们的产品。）

按照以上标准对其进行分析后，就可以筛选出客户属于哪类客户。

一般，管理界将客户划分为"蝴蝶类""挚友类""茶壶类""陌生人"这四种。

"蝴蝶类"客户：他们的选择忽冷忽热，像蝴蝶一样飞来飞去。虽然能使企业盈利但不忠诚。

"挚友类"客户：指那些像朋友一样关心企业，能给企业带来稳定而长期的利润又忠诚于企业的客户。

"茶壶类"客户：还有一类客户是尽管他们喜爱产品，但是也不定期购买，不能给企业带来比较可观的利润。比如，消费能力较低的低收入人群。这类客户就像茶壶里煮饺子一样——有嘴吐不出，也就是说商家要想从他们身上赚到可观的利润难上加难。

"陌生人"客户：是指那些既不忠诚又没有利润可赚的客户。

划分出客户标准后，明智的销售员应该根据客户的价值大小来提供有针对性的产品和服务。比如：对待"蝴蝶"类客户，在他们购物时要尽可能地从他们身上获利。对待"挚友"类客户要细心呵护，在推行客户忠诚计划时，应该把重点放在这些占客户比例20%~30%的高价值客户上；对待"茶壶"客户，需要挖掘他们持续消费的潜力，或者让他们增加消费品种；而对待"陌生人"客户，要早点识别出他们，不要花费太多的精力。这样才能保证自己的销售资源有的放矢，使这些资源发挥最大效益。

当然，这样做并不意味着放弃其他客户。相反，也应该考虑一些有价值潜力的客户，并采取相应的策略，把他们早日发展成忠诚客户，推动更多的客户从"意愿"向"行为"转化。那样，客户才会产生忠诚于企业的行为。

学会激发客户的忠诚度

既然那些消费稳定、能给企业带来一定利润的忠诚客户是企业的财源管道。那么，如何才能激发更多的客户对企业的忠诚度，让他们也能成为"挚友"一般的客户呢？

一般来说，客户忠诚度可以划分为5个阶段，初期的猜疑、期望、第一次购买、重复购买和品牌宣传这5个阶段。为了激发客户成为忠诚客户，商家和销售员也推出了许多措施。比如：产品物超所值、价格优惠，感情关怀等。

但是只拥有了这些，还不一定能够获得太多的忠诚客户。毕竟不可能每种产品都物超所值，而价格优惠更是权宜之计。当商家把"打折""促销"作为追求客源的唯一手段时，只会使企业和品牌失去它们最忠实的客户群。因为"价格战"只能为品牌带来越来越多的毫无忠诚可言的客户。因为价格是他们的首选，哪一家便宜他们便会选择哪一家。一旦销售员要符合企业自身发展和高利润增长的需要坚持不降价时，这部分客户必将流失。

至于感情关怀，如果没有建立让客户满意、让客户获得一定的物质利益的前提下，单纯的情感关怀也是难以留住客户的。

因此，要建立客户的忠诚度，销售员心中必须时常有一种"以客户为中心"的理念，并且把这种理念反映到自己的业务中。如果能做到这一点，客户会更多地购买或使用公司的产品和服务，销售员也将从他们身上获得更多的利润。

想客户未来所想，关心客户未来的事业发展。要想让客户长期关心自己的事业，自己就要关心客户长期的事业。首先在思想上要和他们合拍。

许多销售员不明白这一点，开口就大谈自己的公司、自己的产品，可是客户也许正考虑他们公司发展方向呢？也许正为一些事务烦恼，这样的话，他们怎能有心情听销售员的说辞？只有和他们思想上合拍，才能顺利沟通。

至于第二点，关心客户未来的事业发展更是很多销售员做不到的。或者他们嘴上关心，却很少付出行动。有很多销售员在遇到客户拒绝后马上热脸变冷脸，转身就走，这样的话，客户就会认为他们未免太势利了。只想让客户关心他们，他们似乎不关心客户。

因此，销售员先从关心客户的事业开始，首先给客户留下了好印象。这样做一是可以显示自己的诚心诚意，另外，也可以显示自己宽阔无私的胸怀和远见卓识的眼光和能力。再次，不是自己的准客户，却要花费时间免费为他们提供额外服务，这在一般销售员也是做不到的。

正是从这些行为中，客户看到他能够和确实是关心自己的事业发展，想自己所想，因此才义无反顾地支持推销者，而且以后的若干年都是那样义无反顾。

这才是心中有客户的表现。不论是否成交，都对客户一视同仁，并且不计报酬地为他们提供额外服务，客户怎能不感动？不长期支持他的事业？

在为人处世中我们都知道，交人要交心，在和客户交往时也是同样，需要交心。销售员只有自己心中长期有客户的位置，客户的心中才会有他们的位置。

服务升级，换来客户的忠诚

在消费者意识抬头的时代，良好的客户服务是建立客户忠诚度的最佳方法。目前客户购物不只是注重产品的质量、价格等，更关注销售员的服务水平。因此，在未来的市场中，优质的服务在市场竞争中已经越来越成为销售员保持现有市场份额和开拓新市场的关键。

服务包括服务态度、服务内容以及获得服务的途径，成交前的服务以及售后服务等，这些都可以反映出客户是否能得到足够的尊重。在这方面，聪明的商家十分注重从细节方面反映自己服务水平的提高。比如，最早的电信营业厅布局都是采用传统的封闭式高柜台，给人一种"高高在上、硬邦邦"的感觉。后来他们从封闭式高柜台发展到开放式"一对一"柜台，直至发展成由导购、前台等服务人员组成的"站立式、走动式、一站式"主动服务，这一切都表明他们的服务意识与服务模式在不断演变创新，从而也大大提升了客户满意度。

1. 差异服务，让客户满意

让客户满意并不是为他们提供千篇一律的服务内容，而是需要个性化订制。在新的社会环境下，客户的需求正不断发生变化，开始追求一种与众不同的产品享用和服务享受。在星巴克咖啡厅内，没有唯一的主题，而是为不同的客户量身定制。他们在欢笑之外还推出了以"暧昧""略带伤感的迷人气氛"的咖啡厅氛围。以此充分满足不同心情的人们不同的情绪体验的需求。

结果，这种不同风格的情绪体验大大提升了客户的满意度，从而风靡全球。星巴克的这种差异服务方式也可以称为个性化的服务方式。

2. 一对一服务——让客户愉悦

当客户获得了一个很好的客户服务体验，能够获得足够的愉悦时，这种方式也利于提高客户忠诚度，自然会形成"第二次购买"。目前国外所倡导的"一对一营销""一对一企业"，正是为了满足客户新需求的产物。

在美国，一位美容院的经营者推出 24 小时服务的美容院后，因为生意火爆，竞争对手跟进者很多。在这种情况下，他专门推出了发展忠诚客户的服务内容。

一是专人专户服务：当客人第一次来时，美容师就要把这位客人的爱好、个性、发型，甚至用的化妆品等，都写成资料存起来。客人下次来时，服务人员有针对性地与客人交谈，客人有一种亲切感，自然成为老主顾。

二是专用品橱的设置：给每个客户配备一个专用的小抽屉放他们专用的化妆品。抽屉的钥匙他们可以带走，也可以交给美容院保管。结果，小抽屉像一条无形的锁链，把客户拴得牢牢的。

三是摄影服务：经营者特意让一位擅长摄影的朋友担任美容院常驻摄影师，满足那些对自己的容貌很留恋的女人的需求。通过这几条措施的实行，很快就超越了同行。

这种"一对一"的服务对于培养客户的忠诚度多么神奇！

但是，由于经营行业不同，对于销售员来说，有时候，要想对每一个客户真正实现个性服务确实很难。尽管企业能够为每一位客户建立一套个性化档案，那并不意味着就可以针对每一位客户来实行有特色的服务。

在这种情况下，我们可以换一个思路来考虑，先建立一种"一对一类"的服务方式。比如，按照性格给客户分类，或者按照他们的消费能力为他们分类，为他们提供不同的服务内容，一定能给客户一个不一样的个性化服务感受。这样既可以缓解为客户提供"一对一"服务所需的成本压力，也可以实现差异化的顾客服务，提升不同客户的满意度。

3.超值服务，感动客户

除了把分内的服务做精、把额外的服务做足、把超乎想象的服务做好外，还要能够让客户得到"额外"价值。这样也可以提升他们对企业的忠诚度。

IBM（国际商用机器公司）成为当今世界上最大的计算机制造公司的成功秘籍就是为顾客创造良好的售后服务条件。长期以来，该公司为此挑选了一批优秀的技术骨干，专门负责解决顾客的问题和疑难，而且许诺：服务必须在客户提出要求后的 24 小时之内完成。

有一次，一家使用 IBM 计算机的公司打来长途电话，请求该公司立即派人去修理计算机出现的故障。可是这家用户地处偏远的山区，靠一般的交通工具需要花费两天的时间才能到达那里。为了能及时帮助顾客排忧解难，该公司毅然派维修人员乘坐直升机去维修，使这家客户大为感动。就这样，凭着优质的产品及超越客户期望的服务，IBM 公司在世界计算机销售领域中独占鳌头。

普通销售员当然比不上 IBM 公司那样财大气粗，可是同样可以用不同的方式为客户提供增值服务，比如，为他们提供更多资讯。因为销售员得到的信息比客户要广泛和及时，因此，如能有选择性地及时提供一些合适的资讯给客户，客户也会忠诚于你。

总之，要想使客户成为长期的忠诚客户，不仅需要从物质利益上关心他们，还需要力所能及地从各方面为他们提供及时、贴心甚至超出他们期望的服务。这样才能从服务中掘到金子。

向客户表达谢意

沃尔玛创始人山姆·沃尔顿曾说："老板只有一个，那就是客户。上至公司总裁，下至公司员工，客户都有权开除——他只要把钱花到我们的竞争对手那里就可以了。"这段话说明客户对我们是十分重要的。

的确，只有客户关注和选择了我们的产品和服务，我们的薪水才有保障，我们也才会取得个人的发展和进步。而客户的支持和选择，则昭示着我们已经获得了成功。因此，对于长期支持自己的客户也应该有所表示。再者，假如一场人们难以预料的意外事件使店铺受到打击的话，那么，有了客户的支持，企业照样可以起死回生。因此，怎能没有足够的理由去感谢他们呢？感谢他们为企业和我们所做的一切。

可是，多数销售人员往往将销售量都归于自己名下，没有考虑到顾客的推荐作用，更没有向他们表示任何感谢的意思。这样做，客户岂能心情愉快？其实，真诚地向客户表达他们长期以来对自己工作支持的谢意——这才是发展忠诚客户的一种行之有效的办法。

1. 感谢新客户

对客户的感谢有多种方式：感谢信、感谢函、感谢词、各种答谢活动等。在这方面，商家都根据自己的经营性质推出了不同的答谢客户的措施。比如：航空公司推出"优秀旅行者计划"、商场推出"友情积分卡"、贵宾卡等，都是为顾客重复购买而设立的奖励制度。在结账时将零头抹掉外，或者举办一些优惠促销活动等，也是答谢他们的方式。同时，商家也可以通过一些非实物的酬谢，使顾客沉浸在归属感中，例如开通热线、举办俱乐部会员活动等。

这些服务方式充满人情味，把销售员和客户之间的关系升级为一种其乐融融的朋友关系。

2. 感谢老客户

至于那些长期支持我们的老客户，更应该向他们表示感谢。

销售员们都知道，大量忠诚的老顾客是自己的事业长期稳定发展的基石。相对于新顾客来说，忠诚的老顾客不会因为竞争对手的诱惑而轻易离开。尤其是急剧变化的市场中，老顾客给企业带来了丰厚而稳定的利润。据统计，60%的新顾客来自老顾客的热情推荐。因此，怎能不对他们表示特别的感谢呢？

除了以上这些方式外，无偿赠送也是报答老顾客的一种方式。

隆昌百货在 5 周年店庆之际，为了答谢老顾客，就特地推出了"寻找 5 年相伴的老顾客"活动。活动内容是：凡是保留开店 5 年以来隆昌百货购物小票的老顾客，均可免费获赠一份精美的纪念品———套景德镇餐具。结果，现场十分火爆，仅一天，就向老顾客送出了 600 多份礼品。短短的一天时间，就让隆昌百货找到了 600 位 5 年来不离不弃的老顾客。对此，老顾客也激动地说："隆昌百货有情有义，没有忘记我们对它的支持。"

销售员虽然不能像公司那样为老顾客提供一些精美的、高档的礼品，但是一些小赠品，如小巧饰物或手工艺品等，或者为老顾客特意制作一些纪念品、贵宾卡等，都可以达到礼轻情意重的目的。只是，在纪念品上面要带有店铺或产品的徽标，以此来加深老顾客对店铺的印象，而且也可以起到他们向新客户推广的目的。

销售员通过这种对客户的答谢方式，和他们的感情更加融洽。客户有业务上的事情需要他帮助时，就会马上想到他。

3. 感谢曾拒绝自己的客户

为什么要向拒绝自己的客户表示感谢呢？在他们看来，这些人对业务的拓展起不到丝毫积极的影响作用。

确实是这样吗？那些优秀的销售员就不是这种看法。

日本日产汽车推销王奥程良治的看法却与众不同。在他从事汽车推销时，从一本汽车杂志上看到，日本汽车销售员拜访顾客的成交比率为1/30。此项信息令他振奋不已。他认为，只要锲而不舍地连续拜访了29位客户之后，第30位就是准客户了。结果也正是这样。

对此，他不仅深深感谢第30位买主，感谢他在关键时刻给予自己强有力的支持，而且还对先前没买的29位也一并表示感谢。在他看来，正是因为前面有29次挫折，才使自己越挫越勇，不达目的决不罢休。否则，怎会有第30次的成功呢！

由此可见，销售员取得任何一点进步和成功都和客户的支持分不开，不论他们是新客户、老客户，还是曾经拒绝过自己的客户。因此，当自己的事业取得进展时，不要忘记真诚地向客户表示自己的感谢，并且用实际行动去打动客户的心。如此，才能得到他们长期的支持和厚爱，企业和我们才会走得更远。

处理好每一位客户的抱怨

在日常经营活动中，几乎每个销售员都会接到一些客户的抱怨或投诉。客户一旦开始抱怨，就是对自己不信任的开始。要想重新建立值得信赖的形象需要花上许多时间。那么，应该用什么方式应对客户的抱怨或者尽量减少顾客的抱怨呢？

在面对客户的抱怨和不满时，首先不要躲避，要主动、积极地应对。

1. 找出客户抱怨的原因

客户之所以抱怨或者投诉肯定是有原因的，不是商品本身的问题就是因为销售员的服务没有达到他们的满意。如果我们在服务的过程中因为"偷工减料"或者"画蛇添足"，使他们的预期体验没有达到，客户肯定是无法满意的。因此，找到客户抱怨的原因，正确看待客户的抱怨或者投诉，也有利于改进自己的服务，提升自己的服务水平，赢得更多的客户。

2. 找到平息抱怨的方法

（1）和能成事，敬能安人

许多客户在表达自己的不满时，常常都带有情绪，会表现得比较激动，此时，销售员应该体谅他们的心情，千万不要用激烈的言语回击对方。

不论客户的态度怎样激烈，他们抱怨的最终目的绝不是在斗嘴甚至吵架中取胜，而是让矛盾化解。因此，一定要心平气和地对待。如果自己轻声慢气，显得平静和关切，也能有效地化解客户的抱怨。

（2）不要急于申辩

有些客户在表述怨言时可能会将问题和自己的感受说得夸张一些，销售员感到自己受了委屈，因此往往容易打断对方的讲话，急于申辩。其实，这不是安抚对方情绪的好办法。

此时，客户需要的不是申辩，而是忠实的听者。他们只需要发泄一下自己心里的不满，并不一定非要厂家有任何形式的补偿。因此，耐心地倾听，才能从顾客的抱怨中找出他们抱怨的真正原因。

（3）表达理解和同情

如果你告诉客户："我理解为什么这件事会使您不高兴。""我理解您为什么会有这种感觉。"这样客户就会感到你和他站到同一立场上，他们激烈的情绪就会稳定许多。

（4）转移对方激烈的情绪

当客户处于持续的愤怒状态下时，可以使用巧妙的方法分散他的注意力，例如请求他们随手递一些诸如打火机、笔和纸等东西。当顾客递过来时，便马上感谢，也可以逐步创造出一种相互配合的氛围。他们就不好对你"猛烈轰击"了。

（5）让顾客明白真相

在顾客的抱怨中，并不都是自己服务不到位引起的，有时可能是由于他们使用不当或者其他原因造成的。此时，销售员要展现大度风范，不要和客户斤斤计较，要让顾客明白真相。

客户得知并非真相后也会消除抱怨。

（6）真诚道歉

如果确实是自己工作失误造成的，就要向顾客真诚道歉。

例如：

让您不方便，对不起。

给您添了麻烦，非常抱歉。

这样的道歉既有助于平息顾客的愤怒，又没有承担可能会导致顾客误解的具体责任。

（7）化险为夷

这是处理抱怨的最高境界，可以是自己和企业的利益不受损失。比如，在一家餐馆，由于客人点的菜过多，服务员当时忘了记录，引发了一位客人的不满。客人对服务员说："我们明明说菜里不要放辣椒，你看看这是什么啊！这么辣我怎么吃？"

服务员看到客人生气的样子，真诚地说："对不起，是我工作的疏忽，请稍等片刻，马上给您重新换个菜。不过我们这种辣椒是经过加工处理的，并不太辣。如果各位有兴趣的话，就当作是赠送的一种风味吧。"

有的客人一听，夹起筷子尝了一下说："还可以，的确不太辣。那算了，不用换了。"由此顾客的抱怨烟消云散了。

这位服务员处理得就很巧妙，她先用真诚的道歉扑灭了顾客心中的怒火；之后用巧妙地解释激起客人消费的欲望，抱怨就此平息了。可见，抱怨处理得好就可以使顾客心情舒畅。

总之，在处理客户的抱怨或投诉时，要端正认识：他们是寻求心理上的期望和满意的服务而不是故意找麻烦。因此，要理解顾客的抱怨，并且接受他们的抱怨。让顾客的抱怨帮助自己提升服务的品质，让他们得到满意的结果，以后他们有业务时还会照顾你。因此，处理好抱怨也可以培养忠诚客户。

给客户一个惊喜

尽管因为各种各样的原因，客户的抱怨是免不了的，可是，如果你给了客户一个惊喜的体验，那么，即使在其他方面略有缺陷，也会得到客户的高度评价。

一次，一位农民来信说自己的冰箱坏了。海尔马上派人上门处理，还带着一台新冰箱，赶了20多公里到了这位农民家中。可是，工作人员检查后却发现，冰箱没有任何毛病，原来是温控器没打开。这位农民不知道要打开温控器。

可是，工作人员既没有指责也没有抱怨这位农民，而是如实向上级报告了情况。海尔管理层认为，这只能说明我们的服务还没有到位，有些消费者的文化程度偏低，说明书就不能太多文字类介绍，应该把说明书写得让所有人都读懂才行。

令这位农民惊喜的是，海尔不久就改变了说明书的方式，那些和他一样文化程度较低的人都可以看懂冰箱的说明书，懂得怎样操作了。结果，这位农民对海尔之前的抱怨也烟消云散了。

像海尔员工遇到的此类问题，如果是其他员工会怎样处理？可能会把客户抱怨一番，指责一番。那样客户绝对不会和他们继续交往了，更不会成为忠实客户。

海尔的成功告诉我们，只有让客户在你这里享受到不一样的惊喜体验，感受到在其他销售员那里没有受到的额外待遇，客户满意才会油然而生！

现在这个时代被称为体验经济的时代，特别是对于服务型企业来说，提供服务的整个过程实际上就是客户体验的过程。给客户一个美妙的、惊喜的、物超所值的服务感知，也是提升客户忠诚度的方法之一。

因为生活本来就是平凡普通的，如果能让自己惊喜一下，这种体验是十分美妙、令人难忘的。因此，可以说，每位客户都期待惊喜，每个人都不会拒绝惊喜。只要我们去寻找需求，发现以后去填充他，就会给顾客创造这样的惊喜。

有位快递公司的服务员就做到了这一点。

半年前，有位马先生曾经从他们这里给远在福建某县的一位朋友寄过邮件。半年后，当马先生又需要寄送快递时，他再次拿起电话拨通了这家快递公司的电话。没想到接通后，接线员说："是马先生吗？你好！"

顿时，马先生的心中万分惊喜。半年来，自己与快递公司几乎没有什么业务联系，没想到接线员居然还记得自己。因此，这个接线员和这家公司给马先生留下了非常深刻的印象。

对一个半年多都没有业务往来的客户能如此认真看待，与他们做生意有什么不放心的呢？因此，这家公司的发货流程让马先生非常的满意。事后他跟一些朋友谈起这事，一直赞不绝口。朋友们也把自己的业务委托给这家快递公司。

把客户当成朋友一般看待，时刻惦记着他们，这虽然不是什么优惠酬宾之类的回报客户，可是能做到这些也会令客户感动的。这一点你是否做到了？当客户打电话进来，是否能叫出他们的名字，问他是不是还像上次一样订熟悉的包厢？点上次同样的菜吗？如果能做到这些，客户就有一种宾至如归的感觉，怎能不惊喜万分！

让我们努力创造属于用户的惊喜体验吧。惊喜就是奖赏！最好的服务是要给客户不断的意外的惊喜。

让流失的客户再回头

管理学大师彼得·德鲁克所言："衡量一个企业是否兴旺发达，只要回过头看看其身后的顾客队伍有多长就一清二楚了。"的确，在竞争激烈的市场条件下，客户成为企业和销售员最重要的资源。谁能赢得更多的顾客资源，谁就拥有更多的市场份额。

然而，目前的市场调查显示，一个公司平均每年约有 10%~30% 的顾客在流失。销售员手中掌握的客户资源的流失也不低于这个比例。也许就在销售员还没来得及细想失去的是哪些客户、什么时候失去、为什么会失去的时候，本来能够给自己带来丰厚利润的客户，突然之间就销声匿迹了。即便是这样，他们也并没有为正在流失的客户感到担忧，他们关心的往往是今天我的产品销售出去多少，却没有关心销售给什么人，因此，依然按照传统做法拼命招徕新客户。

他们没有想过，失去一位老客户的损失，只有争取 10 位新客户才能弥补回来。因为老客户对销售员所提供的产品和服务都比较熟悉，可以降低自己为他们服务的成本。更不用说他们给企业带来的利润和新客户相比是多么可观。美国学者弗里得里克·里奇海尔得的研究曾经表明：重复购买的客户相对于新客户，对于一家银行，利润会增加 85%；对于一位保险经纪人，利润会增加 50%；对于汽车维修店，利润会增加 30%。

由此可见，让流失的客户重新回头多么重要。不仅可以增加企业的利润，而且也可以节约销售员开拓市场的各种资源。

1. 客户为什么会离开你

要挽留住那些曾经流失的客户，就要明白客户为什么会流失。一般来说，客户流失的原因不外乎以下几方面：

销售员为他们提供的消费价值下降，因此客户感到不满意。比如，餐饮业，同样价格的菜品现在却偷工减料，客户当然会离开。

另一方面，如果原来为自己服务的销售员换成了其他人，而这些人又不能提供专业的服务，也会令客户离去。

还有一种原因是公司的经营理念改变。比如，原来面向中低档客户服务的公司现在突然开发面向高档客户的产品，客户当然也会离去。计算出每一位老顾客对企业的"终身价值"，来确定挽回哪些顾客，放弃哪些顾客，然后选择适合的时间去重新接触正确的顾客，并让他们树立起对企业、对产品、对服务的忠诚度。

除了以上各种原因外，来自销售员自身的原因，比如服务态度改变，细节不到位等也会令他们无言地离去。

以上这些情况说明在为客户服务的过程中，任何一个环节出现差错，都会引起客户购物心理的变化，给他们的消费过程带来不便或者不利的影响。而这一切，他们绝对不会告诉销售员本人和企业。因此，销售员要挽留住流失的客户，首先需要深入了解他们流失的原因，才能发现问题，采取必要的措施。

2. 倾听客户的意见、建议

如果想真正明白客户离开自己是因为什么，就需要主动走到他们中间去，倾听他们的意见和建议。

可是，有些销售员看到客户流失，担心上司责怪自己工作不力，因此总是回避与客户进行交流、合作，这从侧面造成客户对品牌忠诚度的低落。事实上，客户是非常期待向销售员倾吐一下自己的心声的。

也许客户本人不会向销售员说出他们的之所以离开的原因，可是通过其他客户也会得到这些信息反馈，因为客户之间是互通有无的。因此，销售员要持续不断地倾听他们对企业产品、自身服务及其他方面工作的意见、建议，并且将这些信息对应自己的工作进行检查，发现问题，改进工作方式，从而不断调整营销策略以适应对方的需求。

有家汽车4S店的经理就很注重倾听客户的意见。他说："我们就是想听到客户最真切的声音，哪怕是牢骚。"他不仅倡导员工这样做，而且专门设立总经理接待日，就服务问题与客户进行面对面的交流。他自己还亲自电话回访超过半年未联络的客户。

3. 满足客户的好奇心

因为客户对产品的忠诚度是呈现周期性的，而且他们有强烈的好奇心，一种产品再好也不会满足他们多方面的需求。因此，必须不断推出新的产品，通过多元化品牌操作来吸引并留住忠诚的客户。

4. 请客户来挑刺

既然是倾听客户的建议，就不要担心他们揭短和挑刺。只有看到自己的不足才能改正不足，找到正确的服务方式。

在这方面，原一平是这样做的，他对来自客户的赞扬自己的言语很少关注，反而对提出批评责备的言语视如珍宝。针对自己的工作反复认真地思考对方的含义。经过一番思考后他发现了自己在工作中的弱点，因此在以后的工作中注意纠正这些不当的方式，赢得了客户的刮目相看。

5. 请客户当监督员

为了显示尊重客户的诚意，对提出意见和建议的客户，可以赠送他们一些礼物，另外，还可以请客户当监督员。这种方法在一些服务行业大行其道。

比如，上例中的4S店，在自己的新店开业前，让车主来担当考核验收官。通过以上这些措施，客户看到了他们改进工作的决心，流失的客户开始纷纷回头了。

以上是一些挽留老客户的措施。销售员可以根据自己的实际情况采用不同的方法，也可以创新出一些新办法。只要能达到挽留流失客户的目的，正当的方式都可以采用。如果只是为了短暂地增加销售额而贿赂客户，最终他们得不到好处时还是要流失的。这样就得不偿失了。

给客户分类，决定取舍

要想挽留忠诚客户，做好客户关系管理尤为重要。因为无论商家和销售员采取怎样的措施都不可能让所有流失的客户都回头。因此，要给客户分类。对于那些确实需要挽留的，就要千方百计，运用各种技巧挽留他们，让客户再生；对于那些客观原因所致无法挽留的，就要放弃。这样，才能有效使用销售资源，提高客户的忠诚度，销售员和企业才能在激烈的市场竞争中脱颖而出。

现代的网络时代，为销售员整理客户资料提供了更为有利的条件。依靠企业这个平台，借助网络化的便利方式，使客户的退出管理常规化、制度化，做好流失客户的统计和分析工作会更加方便、更加快捷。因此，不要忘记管理好你的客户资源，为他们进行科学的分类。这些都有助于你鉴别准客户，培养那些具有发展潜力的忠诚客户。

与客户建立深厚友谊

毋庸赘言，大多数客户对销售员都有一种本能的排斥，一则因为相互陌生，二则怕上当受骗。那么，要怎样赢得客户的信任呢？答案就是贴心。

主观愿望上，销售员都希望和客户建立深厚的友谊，扩展自己的人脉，但是客观上，许多销售员却不知从何入手。如何与客户心连心，可以做下面几个方面入手：

1. 手勤

勤动手，勤写信，经常打电话与客户保持联系，增进与客户的感情，融洽与客户的关系。并且建立客户家庭档案，对客户姓名、年龄、性别、家庭人口、公司地址、电话号码等情况逐一造册登记。并采取上门慰问、写信、打电话等方式，拉近与客户的距离，融洽与客户的感情。用细心、贴心的服务告诉每一位客户"我们是相亲相爱的一家人。"

2. 脚勤

客户不可能都是扎堆的，销售员没法批量拜访和联系客户，两条腿就是销售员的宝，和客户之间除了勤联系之外，还要多走动，经常拜访客户，和客户建立友好的私人关系。

3. 嘴勤

语言是一门艺术，一句诚挚的话语，一个热情的动作，就会赢得一位客户；一句生硬的言谈，一个冷淡的表情，就会失去一位客户。在推销工作中，要非常注意语言的表达方式，把文明、规范的言行作为搞好揽存工作的切入点。通过与客户接触、交流，用文明礼貌的语言去说服客户，感动客户，不放过每一次成功的机会。

4. 耳勤

这个时代被人称作信息时代，可以说信息就是金钱，信息就是财富。谁的信息灵，谁捕捉的产品信息多，谁就能把信息转化为资源。销售员要把自己的耳朵竖起来，多留心，多打听，多观察周围有用的信息。

5. 诚心待客，广交朋友

广交朋友，用心去交朋友，还意味与客户休戚与共，把客户的困难当作自己的困难，帮助客户解决工作和生活中的问题。销售员靠什么生存？靠朋友。销售员的一生都在寻找朋友，认识朋友，给朋友提供方便，并且全程给朋友照顾。用你的真心感动客户，坚持不懈为自己赢得一个良好的口碑，路自然越走越宽。反之，销售员必须走向失败。

6. 细心为客，赢得宾朋

细心为客，就是要把客户放在心上，时时替客户着想，研究客户心理，采取相应对策，在生意和生活中都要把客户当作最亲的人来对待。

7. 耐心劝客，融洽感情

对待客户要有耐心，如果销售员急躁，那么沟通就很容易走入死胡同。如果你表现出不耐烦，会伤害到一些客户的自尊心，客户是不会喜欢这种销售员的。